AI와 마케팅 커뮤니케이션

AI문고

인공지능 시대입니다. 기계가 인간의 인지를 대신하고, 사물이 인간을 통하지 않고 다른 사물과 직접 커뮤니케이션합니다. 이에 따른 인간 삶과 문명 변화를 정확히 이해·예측·대응하는 것은 이 시대 우리 모두의 과제입니다. AI문고는 인공지능 기술과 환경의 여러 주제를 10가지 키워드로 정리합니다. 관련 개념과 이론, 학계와 산업계의 쟁점, 우리 일상의 변화를 다룹니다. 인간과 기술의 현재, 미래를 세심히 분석합니다.

일러두기

- 인명, 작품명, 저서명, 개념어 등은 한글과 함께 괄호 안에 해당 국가의 원어를 병기했습니다.
- 외래어 표기는 현행 어문규정의 외래어표기법을 따랐습니다. 다만 브랜드명, 제품명은 해당 회사의 표기를 따랐습니다.

처음이세요?

전문가세요?

AI와 마케팅 커뮤니케이션

송유진

대한민국, 서울, 커뮤니케이션북스, 2025

AI와 마케팅 커뮤니케이션

지은이 송유진
펴낸이 박영률

초판 1쇄 펴낸날 2025년 7월 15일

커뮤니케이션북스(주)
출판 등록 2007년 8월 17일 제313-2007-000166호
02880 서울시 성북구 성북로 5-11
전화(02) 7474 001, 팩스(02) 736 5047
commbooks@commbooks.com
www.commbooks.com

ISBN 979-11-430-0631-8 03500

책값은 뒤표지에 표시되어 있습니다.

차례

AI 시대, 마케팅 커뮤니케이션의 흐름은 어디로 가는가?

우리는 하루에 얼마나 자주 AI와 대화하고 있을까. 인공지능(artificial intelligence, AI)은 이미 우리의 일상 속 커뮤니케이션 환경에 깊이 스며들었다. 검색창에 질문하고, 음성으로 명령하며, 추천에 반응하는 일련의 행위는 모두 디지털 시대의 새로운 대화 방식으로 받아들여진다. 실제로 2025년 기준, 대표적인 AI 챗봇인 챗지피티(ChatGPT)는 하루 평균 약 1억 2천만 명이 사용하며, 하루 10억 건이 넘는 쿼리(query, 사용자가 입력하는 질문이나 명령 요청)가 처리되고 있다(Singh, 2025). 이를 단순 계산하면, 사용자 1인당 하루 평균 8회 이상 AI와 상호 작용하고 있는 셈이다. AI와의 상호 작용이 일상화되면서 이와 같은 커뮤니케이션 방식의 변화는 개인의 정보 활용 습관을 넘어 조직과 사회의 소통 구조 전반을 변화시키고 있다.

그중에서도 마케팅 커뮤니케이션 영역은 이러한 전환의 최전선에 있다. 브랜드와 소비자 간의 관계는 이제 일방적 메시지 전달을 넘어서 맥락에 반응하며 개인화된 상호 작용을 기반으로 재구성되고 있다. 더욱이 AI는 실시간 데이터를 해석하고, 개인별 상황에 적합한 콘텐츠를 제안함으로써 커뮤니케이션의 반응성과 주도성을 높이고 있다.

무엇보다 대화형 AI의 확산은 마케팅 커뮤니케이션을 상호 작용 중심의 관계 형성 과정으로 전환하고 있다. 이는 브랜드가 소비자와의 지속적인 대화를 통해 맞춤형 경험을 설계하고, 전략적 커뮤니케이션 가능성을 한층 정교하게 구현해 나갈 수 있는 기반이 된다. AI 연구 기관인 오픈에이아이(OpenAI)는 최근 챗지피티(ChatGPT)에 쇼핑 기능을 도입하여 사용자와의 대화를 기반으로 제품을 추천하고 구매까지 연결하는 커머스형 인터페이스를 선보였다(송영찬, 2025). 이는 대화 그 자체가 소비자 접점이자 마케팅 채널로 기능할 수 있음을 보여 준다. 나아가 이는 검색 기반 정보 탐색을 넘어 대화를 기반으로 한 소비자 의사 결정이라는 새로운 소비 흐름의 가능성을 시사한다. 사용자는 스스로 정보를 찾기보다 AI와의 상호 작용을 통해 맞춤형 정보와 선택지를 안내받는 방식에 익숙해지고 있으며, 이는 마케팅에서 능동적 설득보다는 상황 기반 제안이 더 효과적인 전략으로 부상하고 있음을 의미한다. 이러한 변화는 광고 및 홍보, 커머스, 서비스 디자인 전반에 걸쳐 대화형 커뮤니케이션 구조가 확산하는 흐름을 강화하며, 이는 향후 마케팅 커뮤니케이션 전략의 전환뿐만 아니라 브랜드의 존재 방식 자체를 재정의하는 계기가 될 수 있다.

이러한 맥락에서 기업들은 대화형 AI를 마케팅 커뮤니케이션의 다양한 단계에 통합하며, 실행 전략 역시 새롭게 재구성하고 있다. 그중에서도 AI는 기획과 실행, 소비자 반응 분석에 이르기까지 마케팅 과정 전반에 관여하며 메시지 전달의 구조뿐 아니라 전략적 접근 방식을 변화시키고 있다. 예를 들어 글로벌 기업 코카콜라는 생성형 AI를 활용해 브랜드 메시지를 소비자와 공동 창작하는 방식으로 콘텐츠를 기획하고 오픈AI의 기술을 도입한 '크리에이트 리얼 매직(Create Real Magic)' 캠페인을 통해 이를 시각 콘텐츠로 생산했으며, 소비자 참여 기반 플랫폼을 통해 다양한 채널에 전달하고 이후 생성된 콘텐츠에 대한 반응 데이터를 분석해 후속 마케팅 전략에 반영하는 방식으로 활용하고 있다(최승은, 2023).

AI와 마케팅 커뮤니케이션

이처럼 AI는 마케팅 커뮤니케이션을 기존의 선형적 커

뮤니케이션 구조를 유기적인 상호 작용 중심의 체계로 전환하고 있다. 브랜드와 소비자 간의 관계 역시 정보 전달 중심에서 상호 설계와 맞춤형 경험으로 이동하고 있으며, 이는 마케팅 커뮤니케이션의 기능과 전략에 대한 재정립을 요구한다. 예컨대 화장품 브랜드 입생로랑(Yves Saint Laurent)은 '루즈 쉬르 메쥬르(Rouge Sur Mesure)'라는 제품을 통해 AI 기술을 소비자 경험에 정교하게 접목하고 있다. 이 제품은 스마트폰 애플리케이션과 연동되어 사용자가 원하는 립 컬러를 실시간으로 조합·제작할 수 있도록 지원하며, 피부 톤과 착용 의상에 어울리는 색상 추천과 주변의 실제 색상을 반영한 컬러 구현까지 가능하게 한다. 이러한 맞춤형 기능은 소비자에게 새로운 형태의 뷰티 경험을 제공할 뿐 아니라 흥미로운 기술적 요소로 인해 소셜 미디어에서 소비자의 자발적 확산을 이끌었다. 실제로 제품명을 활용한 해시태그는 5290만 회 이상의 조회 수를 기록하며(김소연, 2025), 이는 기술 기반 개인화 전략이 브랜드 인지도 확산에도 효과적으로 작용했음을 보여 준다.

이와 같이 브랜드는 AI 기술을 활용한 맞춤형 경험을 통해 소비자의 자발적 참여와 확산을 유도하며 브랜드 인지도 제고와 새로운 소비 경험 창출이라는 두 가지 효과를 동시에 실현하고 있다. 이러한 경험이 일회성 효과에 그치지 않고 소비자와의 관계 형성에도 긍정적으로 작용하고 있다는 점에서 더욱 주목할 만하다. AI를 활용한 맞춤형 경험은 소비자 개개인과 브랜드의 관계를 심화하며 브랜드 충성도와 몰입도를 동시에 높이는 새로운 접근 방식으로 주목받고 있다. 이러한 변화는 브랜드 가치 전달 방식과 커뮤니케이션 이론 전반에 대한 본질적인 재고로 이어지고 있다.

그동안 마케팅 커뮤니케이션이 어떠한 이론적 토대 위에 구축되어 왔는지를 되짚는 일은 이러한 변화를 이해하는 출발점이 된다. 마케팅의 핵심인 가치 창출과 전달은 오랫동안 송신자-메시지-수신자(Sender-Message-Receiver) 모델에 기반해 수행되어 왔다. 이 모델은 정보를 일방적으로 전달하는 선형적 구조로 전통적인 마케팅 커뮤니케이션 전략의 토대를 형성해 왔다. 그러나 AI 기술의 등장은 이러한 커뮤니케이션 방식에 대한 근본적인 재구성을 요구하고 있다.

책의 구성

이에 따라 이 책은 AI 시대의 시각에서 기존 커뮤니케이션 모델을 재조명하고, 마케팅 커뮤니케이션의 구조와 전략이 어떠한 방향으로 변화하고 있는지를 다각도로 고찰하고자 한다. AI는 이제 단순한 기술적 도구를 넘어, GPT(Generative Pre-trained Transformer) 기반의 생성형 콘텐츠, 소비자 여정(customer journey) 설계, 실시간 반응 기반 인터랙션, 몰입형 경험 환경 등 커뮤니케이션 전반에 구조적 영향을 미치는 핵심 동인으로 작용하고 있다(Davenport et al., 2020; Kietzmann et al., 2018). 이러한 변화 속에서 마케팅은 데이터 기반의 맞춤형 상호 작용을 설계하는 전략적 과정으로 재정의되고 있으며(Hoffman et al., 2022), 생성형 AI의 도입은 소비자와 브랜드 간 관계의 형식과 작동 방식 자체를 새롭게 바꾸고 있다.

이러한 변화는 AI가 마케팅 커뮤니케이션의 구조와 전략을 어떻게 전환하고 있는지를 다층적으로 탐색할 필요성을 제기한다. 이에 따라 본서는 AI 기술의 도입이 이론과 실무 전반에 걸쳐 미치는 구조적 영향을 균형 있게 조망할 수 있도록 10개의 장으로 구성되었다. 먼저, 제1장부터 제3장까지는 AI가 커뮤니케이션 모델을 어떻게 재편하고 있는지를 이론적으로 검토하며, 데이터 기반 전략의 진화와 맞춤형 커뮤니케이션 방식의 고도화라는 전략적 흐름을 함께 다룬다. 제4장부터 제6장까지는 생성형 AI, 자동화된 고객 여정 설계, 실시간 인터랙션 등 기술의 실제 적용 방식을 중심으로, 실행 단계에서의 소비자 경험 변화에 주목한다. 이어지는 제7장과 제8장에서는 몰입형 미디어, 도시형 미디어 파사드 등 공간적 · 감각적 확장을 통해 브랜드 체험이 재구성되는 양상을 조명한다. 마지막으로 제9장과 제10장은 AI 마케팅이 직면한 윤리적 · 사회 문화적 과제와 미래 캠페인의 방향성을 실증 사례와 함께 고찰한다. 이와 같은 구성은 AI가 커뮤니케이션의 구조, 전략, 경험, 윤리에 이르기까지 어떤 패러다임 전환을 촉진하고 있는지를 종합적으로 설명하기 위한 틀이며, 독자들이 각 장을 통해 AI 시대의 마케팅 커뮤니케이션을 입체적으로 이해할 수 있도록 설계되었다.

궁극적으로 이 책은 AI 기술이 마케팅 커뮤니케이션의 구조와 실천 방식에 어떠한 전환과 가능성을 만들어내고 있는지를 입체적으로 조망한다. 단순한 기술 트렌드를 넘어 소비자 경험과 브랜드 소통의 전면적 재설계가 요구되는 지금, 본서는 커뮤니케이션 이론과 실무의 간극을 좁히고자 하는 시도이자 그 변화의 맥락을 구체적으로 짚어 보는 작업이다. 특히 AI가 가져온 기술적 진보와 커뮤니케이션 구조의 전환, 그리고 이에 수반되는 윤리적 · 사회 문화적 쟁점을 통합적으로 고찰하며, AI 시대의 마케팅 커뮤니케이션이 어떠한 방향성과 책임 의식을 바탕으로 나아가야 하는지를 모색하고자 한다. 이를 통해 본서는 전략의 재설계가 요구되는 전환기의 독자들에게 이론과 실천을 아우르는 통합적 관점과 실행 가능한 통찰을 함께 제공하는 것을 목표로 한다. 나아가 AI 기술이 변화시켜 나가고 있는 마케팅 커뮤니케이션의 체계와 전략을 체계적으로 살펴봄으로써, 이러한 변화 속에서 효과적인 커뮤니케이션 전략과 실천의 방향을 고민하는 이들에게 실용적이고 균형 잡힌 참조점이 되기를 바란다.

참고문헌

김소연(2025.4.24). "2025년 미국 내 AI를 활용한 뷰티산업 현황 및 전망". KOTRA 해외시장뉴스.
https://dream.kotra.or.kr/dream/kotra/actionKotraShortUrl/BcYIEviBw8KW.do

송영찬(2025.4.29). "이젠 무서울 지경 챗GPT 쓰다가 깜짝… '야심' 드러낸 오픈AI". 한국경제.
https://www.hankyung.com/article/202504292958i

최승은(2023.3.23). "[해외 크리에이티브] 코카콜라, AI 플랫폼을 활용한 공모전 개최… "DALL-E와 챗GPT로 코카콜라 아트워크를 만드세요"". 매드타임스(MADTimes).
https://www.madtimes.org/news/articleView.html?idxno=

17124

Davenport, T., et al.(2020). How artificial intelligence will change the future of marketing. *Journal of the Academy of Marketing Science,* 48, pp.24~42.

Hoffman, D. L., et al.(2022). The rise of new technologies in marketing: A framework and outlook. *Journal of Marketing,* 86(1), pp.1~6.

Kietzmann, J., et al.(2018). Artificial intelligence in advertising: How marketers can leverage artificial intelligence along the consumer journey. *Journal of Advertising Research, 58*(3), pp.263~267.

Singh, S.(2025.6.5). ChatGPT Statistics 2025 – DAU & MAU Data [Worldwide]. DemandSage. https://www.demandsage.com/chatgpt-statistics/

01
AI와 커뮤니케이션 모델의 재편

AI는 인간 커뮤니케이션의 본질과 구조를 근본적으로 변화시키고 있다. 커뮤니케이션 이론의 전통적 모델은 송신자-메시지-수신자 간의 일방적이고 선형적인 관계를 설명해 왔지만, AI는 이러한 모델을 양방향적이고 실시간 상호 작용이 가능한 구조로 혁신하고 있다. 이러한 변화는 커뮤니케이션 이론이 단순히 학문적 논의 단계를 넘어 실무와 사회 전반에서 즉각적으로 적용 가능한 새로운 틀로 재구성되어야 함을 보여 준다.

AI와 1인 창업?

송신자-수신자 모델의 해체와 알고리즘 기반 커뮤니케이션 구조의 등장

디지털 기술과 AI의 비약적인 발전은 커뮤니케이션의 구조적 전환을 초래하고 있다. 특히 알고리즘이 메시지의 전달과 소비 전반에 깊숙이 관여하면서, 기존 커뮤니케이션 이론에서 중점적인 역할을 해 오던 송신자-메시지-수신자(S-M-R) 모델(Laswell, 1948)은 점차 그 설명력을 상실하고 있다. 오늘날 메시지는 특정 송신자에 의해 일방적으로 전달되는 것이 아니라, 알고리즘이 사용자 데이터를 기반으로 실시간 조정하고 재구성하는 형태로 변화하고 있으며, 이는 커뮤니케이션 과정에서 송신자의 역할과 의미를 근본적으로 재고하게 만든다.

과거에는 송신자의 의도, 메시지의 구성, 수신자의 반응이라는 선형적 흐름을 커뮤니케이션의 기본 구조로 간주했지만, 오늘날의 알고리즘 기반 커뮤니케이션은 그 구조를 해체하고 다층적인 상호 작용, 데이터 기반 예측, 사용자 맞춤화 등 전혀 다른 논리로 작동한다. 이에 이 장에서는 전통 커뮤니케이션 이론의 핵심 개념인 송신자-수신자 모델의 내용을 살펴보고, 이를 알고리즘 중심 커뮤니케이션 구조와 비교함으로써 현재 미디어 환경의 변화 양상을 이론적으로 조망하고자 한다.

초기 커뮤니케이션 모델들은 주로 선형(linear) 구조를 중심으로 설계되어, 송신자와 수신자 사이의 정보 전달 과정을 도식화하는 데 집중했다. 대표적으로 섀넌과 위버(Shannon-Weaver) 모델은 정보를 부호화하여 채널을 통해 송신하고 노이즈(noise) 과정을 거쳐 수신자가 이를 해독하는 과정을 도식화함으로써 커뮤니케이션을 기계적 · 정보 전달적 과정으로 정의했다. 이와 같이 최초의 전통적 커뮤니케이션 모델들은 커뮤니케이션을 '정보의 일방향 전달'로 인식했고 주요 구성 요소로 송신자, 메시지, 채널, 수신자, 노이즈 요소를 강조했다. 이러한 단순 선형 모델은 시간이 흐르면서 한계점이 지적되며, 다양한 학문 분야와 실무 현장에서 수정 및 확장되었다. 예를 들어 사회적 커뮤니케이션 모델은 기존의 단순 전달 틀을 넘어 심리적 · 사회적 상호 작용이 커뮤니케이션 과정에 미치는 영향을 포괄적으로 고려한다(Craig, 2015). 이 모델에서는 커뮤니케이션이 환경적 요인, 사회적 맥락, 참여자의 인지적 · 정서적 상태와의 상호 작용 속에서 일어난다는 점이 강조된다. 이러한 관점에서 커뮤니케이션은 단순한 정보 전달이 아니라, 송신자와 수신자 모두가 정보를 해석하고 의미를 구성하는 상호 작용적 과정으로 이해된다. 다시 말해 커뮤니케이션을

'의미 구성(meaning-making)'의 동적 체계로 재개념화했다. 또한 실천적 맥락에서는 커뮤니케이션 과정을 선형이 아닌 순환적(circular) 비선형 시스템으로 보는 접근이 부상했다. 예를 들면 공중 보건 캠페인이나 위기 커뮤니케이션 상황에서는 정보가 단순히 송신자에서 수신자로 일회성으로 이동하는 것이 아니라, 수신자의 피드백, 사회적 맥락의 변화, 사회적 참여의 영향 등으로 메시지가 반복적으로 재구성되고, 상호 작용 과정에서 새로운 정보나 의미가 생성될 수 있음이 밝혀졌다(Kite et al., 2023; Reynolds & Seeger, 2005).

현대 커뮤니케이션 모델에서는 피드백 루프, 다중 채널, 복합 경로, 그리고 사회적·정서적 요인들이 상호 작용하는 방식이 핵심적인 구조적 특성으로 간주된다. 예를 들어 전통적으로 건강 커뮤니케이션이나 공중 보건 캠페인에서 적용되어 온 효과의 단계적 계층 모델(Hierarchy of Effects Model)은 노출 → 인식 → 태도 변화 → 행동 변화로 이어지는 선형적, 순차적 흐름을 전제한다. 그러나 최근 연구에서는 소셜 미디어 환경 같은 현대적 상황에서 이 모델이 더 이상 충분하지 않다는 점을 지적한다. 소셜 미디어 기반 커뮤니케이션에서는 참여와 상호 작용이 '인식(awareness)' 이상으로 중요한 성공 요인으로 부상하며, 정보 확산이나 행동 변화가 직선적이 아니라 다중의 순환 경로나 비선형적 방식으로 일어남이 확인되고 있다. 즉, 참여가 메시지 노출을 확대하고 참여 과정에서 다시 추가적 행위 변화나 사회적 규범의 변동이 일어나는 복잡 순환 구조가 나타난다.

정리하면 전통적인 커뮤니케이션 모델은 송신자-메시지-채널-수신자-피드백(혹은 노이즈)으로 구성된 선형적 구조를 기반으로 출발했다. 그러나 현대에 이르러 커뮤니케이션 모델은 선형성을 넘어 순환적이고 상호작용적인 구조로 진화하고 있으며, 이에 따라 사회적·심리적 맥락과 수용자의 능동적 참여가 핵심 요소로 부각되고 있다. 또한 커뮤니케이션이 이루어지는 채널과 맥락은 AI의 개입으로 더욱 복합화되고 있으며, 그 구조 역시 실시간 데이터를 기반으로 유연하게 재구성되고 있다. 이에 따라 커뮤니케이션의 효과를 판단하는 기준도 변화했다. 단순히 메시지의 수신 여부 차원을 넘어, 수용자의 반응, 참여, 감정적 연결 등 다양한 요소를 포괄하는 개념인 '인게이지먼트(engagement)'가 중요한 성과 지표로 부상하고 있다. 이러한 변화는 기술 기반 상호 작용이 의미 형성 과정에 실질적으로 개입하게 되면서, 커뮤니케이션 현상을 보다 정교하게 설명할 수 있는 새로운 이론적 · 실천적 접근을 가능하게 한다.

오늘날 디지털 미디어 환경과 플랫폼 기반 기술의 발전은 정보 흐름의 경로와 우선순위를 알고리즘이 결정하는 새로운 체계를 만들어 냈다. 이 과정에서 송신자와 수신자의 경계는 점차 모호해졌고, 콘텐츠의 생산과 유통, 소비는 사용자와 시스템의 상호 작용적인 역동성 속에서 이루어지게 되었다. 알고리즘은 단순한 중개 수단을 넘어 커뮤니케이션의 방향, 가시성, 심지어 의미 형성에까지 영향을 미치는 행위자적 역할을 수행하며, 이는 커뮤니케이션 구조를 기존의 인간 중심적 모델에서 기술-인간 혼합 네트워크로 재편하고 있다. 이에 따라 콘텐츠의 도달 범위, 이용자의 인식, 여론의 형성 과정 등은 더 이상 단순한 전달의 문제가 아니라 데이터 기반 최적화와 예측, 그리고 사용자 맞춤화라는 새로운 규범 속에서 이해되어야 한다. 이러한 변화는 커뮤니케이션 이론이 기술적 조건과 알고리즘적 작동 방식까지 포괄해야 함을 시사한다. 즉, 커뮤니케이션은 더 이상 '전달'의 문제가 아니라 상호 구성과 실시간 조정의 과정이 된다.

AI 시대 커뮤니케이션 주체와 흐름의 재구성

디지털 미디어 생태계의 중심에는 이제 인간 송신자가

아니라 알고리즘이 있다. 알고리즘 커뮤니케이션은 정보의 생성, 필터링, 배분, 전달 과정이 인간의 직접적인 개입 없이 자동으로 이루어지는 커뮤니케이션 양식을 의미한다(Zarouali et al., 2022). 특히 소셜 미디어, 검색 엔진, OTT(Over-The-Top) 플랫폼, 전자 상거래(e-commerce) 시스템 등은 사용자의 관심사, 행동 이력, 사회적 관계를 실시간으로 분석하여 최적화된 콘텐츠나 메시지를 제시하며 기존 커뮤니케이션 구조의 흐름을 근본적으로 재편하고 있다. 이와 같은 변화는 단순한 기술 발전을 넘어 커뮤니케이션의 주체성과 작동 방식을 근본적으로 재구성하는 현상으로 이해될 수 있다. 이제 메시지는 특정한 송신자의 명확한 의도에 기반하여 일방적으로 설계되는 것이 아니라, 플랫폼이 설계한 알고리즘적 기준에 따라 '누구에게 어떤 정보를 보낼 것인지'가 결정된다. 송신자와 수신자 간의 선형적 정보 전달 구조는 알고리즘에 의해 중재되고 이로 인해 사용자에게 전달되는 메시지는 맞춤화된 형태로 유동적으로 구성된다. 모리스(Morris, 2015)는 알고리즘을 단순한 기술적 도구가 아닌, 정보의 가치와 우선순위를 결정하는 '정보 중개자(information broker)'로 규정하며, 알고리즘이 사용자 취향을 반영하는 동시에 플랫폼의 정책과 상업적 이해관계를 구현한다고 지적한다. 이는 메시지의 기원이 불투명해지고 송신자 주도형 메시지 설계가 더 이상 유효하지 않음을 의미한다. 예를 들어 유튜브의 추천 알고리즘은 사용자가 어떤 콘텐츠를 소비할지 결정짓는 핵심 요인으로 작용한다. 이때 콘텐츠 제작자는 본인의 의도와 상관없이 알고리즘의 판단에 따라 콘텐츠가 특정 사용자에게 도달하거나 배제되는 상황을 경험하게 되며, 이는 메시지의 유통과 해석에 플랫폼의 통제력이 결정적인 영향을 미치고 있음을 보여 준다. 콜드리와 헤프(Couldry & Hepp, 2018)는 이러한 변화를 '미디어를 통한 현실 구성(mediated construction of reality)'으로 개념화하며, 오늘날 인간의 현실 인식조차 플랫폼을 경유해 형성되고 있음을 강조한다. 이처럼 알고리즘 커뮤니케이션은 단순히 메시지를 주고받는 과정이 아니라 사회적 현실과 인식 체계를 구성하는 핵심 인프라로 작동하고 있다. 이러한 구조적 전환은 커뮤니케이션 연구에서 새로운 이론적 접근의 필요성을 강하게 제기한다. 기존 커뮤니케이션 이론이 전제로 했던 송신자 중심의 메시지 설계, 수신자의 수동적 해석, 미디어의 중립적 매개라는 가정은 알고리즘 기반 환경에서 더 이상 타당하지 않다.

이와 같이 오늘날 우리는 메시지 구성의 주체, 정보 흐름의 결정 요인, 사용자 역할, 플랫폼 권력의 작동 방식 등 새로운 커뮤니케이션 조건들과 직면하고 있다. 메시지는 특정 개인이 아닌 알고리즘과 데이터 기반 추천 시스템에 의해 구성되며, 정보의 흐름 또한 기술적 구조와 플랫폼의 이해관계에 의해 결정된다. 사용자는 더 이상 수동적인 수신자에 머물지 않고 데이터 생산자이자 메시지의 공동 창작자로 기능한다. 동시에 플랫폼은 기술적 중개자를 넘어 커뮤니케이션의 규칙을 설정하고 권력을 행사하는 주체로 작동한다. 이러한 변화는 커뮤니케이션을 단순한 전달의 과정이 아니라, 기술과 권력, 데이터가 복합적으로 얽힌 동적 구조로 재개념화할 필요성을 보여 준다. 결국 알고리즘 커뮤니케이션은 기존 송신자-메시지-수신자(S-M-R) 모델의 전제를 해체하며, 커뮤니케이션을 선형적 흐름이 아닌 사용자와 데이터, 알고리즘이 상호 작용하는 순환적 메커니즘으로 전환하고 있다.

나아가 알고리즘 커뮤니케이션은 개인화된 경험을 제공함으로써 사용자의 만족도를 높이기도 하지만, 동시에 정보 편향, 여론 왜곡, 투명성 부족, 권력 집중과 같은 심각한 문제를 야기한다(Couldry & Hepp, 2018). 사용자는 어떤 기준으로 메시지가 제공되는지 인지하기 어렵고 알고리즘은 특정 정보를 우선 노출하거나 배제함으로써 정보 환경의 민주성과 다양성을 위협할 수 있다. 결론적으로 알고리즘 커뮤니케이션은 단순한 기술적 트렌드가 아니라, 커뮤니케이션의 구조, 주체, 윤리, 권력 전반을 재구성하는 학제적 전환의 지점이다. 커뮤니케이션 연구는 이제 기술 수용과 메시지 효과 측정을 넘어서, 알고리즘의 작동 방식, 데이터 활용 구조, 플랫폼 권력의 영향까지 포괄하는 통합적이고 비판적인 분석 틀을 정립해야 할 시점에 이르렀다. 이러한 변화된 환경을 설명하기 위해서는 그동안 정립되어 온 커뮤니케이션 이론의 맥락을 계승하면서도 기존 모델의 보완을 넘어 이론적 틀에 대한 재해석과 접근 방식의 확장이 요구된다.

전통 이론과 AI의 융합적 해석

전통적인 커뮤니케이션 연구에서 가장 널리 인용되는 모델 중 하나는 해럴드 D. 라스웰(Harold D. Lasswell, 1948)이 제시한 '5W 모델'이다. 그는 커뮤니케이션 과정을 '누가(who) 무엇을(what) 어떤 채널을 통해(in which channel) 누구에게(to whom) 어떤 효과를 가지고(with what effect)' 전달되는가라는 다섯 가지 요소로 구조화했다. 이 모델은 커뮤니케이션을 송신자(sender), 메시지(message), 수신자(receiver) 간의 일방향적 정보 흐름으로 이해하며 특히 메시지의 설계, 전달 채널의 선택, 수용자의 반응, 커뮤니케이션 효과의 측정을 중심으로 분석했다(Lasswell, 1948). 라스웰의 모델은 커뮤니케이션의 사회적 기능을 체계화하고 설명하는 데 기여했으며 이후 대중 매체 효과 연구와 정치 커뮤니케이션 분석의 기초 틀로 널리 활용되었다(McQuail & Windahl, 2015). 특히 이 모델은 메시지 전달의 효율성과 효과를 중시하는 마케팅 커뮤니케이션 분야에서도 설득 메시지의 구성과 캠페인 효과 측정, 타깃 설정 등에 활용되며, 실무적 분석 도구로 자리 잡아 왔다. 하지만 이 모델은 수용자의 능동성이나 피드백, 커뮤니케이션의 맥락적 요인 등을 충분히 반영하지 못한다는 점이 한계로 지적되며, 이후 양방향 모델이나 해석적 관점의 등장을 촉진하는 기반이 되기도 했다.

비슷한 시기에 클로드 섀넌(Claude Shannon)과 워런 위버(Warren Weaver)는 정보 전달의 효율성과 노이즈(Noise) 관리에 중점을 둔 수학적 커뮤니케이션 모형을 제안했다(Shannon, 1948). 이들은 커뮤니케이션을 기술적 문제로 간주하고, 송신자가 인코딩한 메시지가 채널을 통해 전달되어 수신자가 디코딩하는 일련의 과정으로 이해했다. 이러한 전통적 모델들은 커뮤니케이션의 명료성, 전달의 정확성, 효과의 극대화 등을 주요 목표로 설정하며, '송신자 중심'의 일방향 구조를 기반으로 한다.

한편 데이비드 K. 벌로(David K. Berlo)는 《커뮤니케이션의 과정: 이론과 실제(The Process of Communication: An Introduction to Theory and Practice)》(1960)에서 커뮤니케이션 과정을 네 가지 핵심 구성 요소 − 송신자(source), 메시지(message), 채널(channel), 수신자(receiver) − 로 구조화한 SMCR 모델을 제시했다. 이 모델은 기존의 단순한 송수신 개념에서 나아가 각 요소의 세부 속성과 그들 간의 상호 작용에 주목함으로써 커뮤니케이션의 효과성을 다차원적으로 분석할 수 있는 이론적 틀을 제공한다. 벌로는 송신자의 커뮤니케이션 기술, 태도, 지식 수준, 사회 문화적 배경이 메시지 구성에 결정적인 영향을 미친다고 보았으며, 메시지는 내용, 요소, 구조, 코드 등의 차원에서 분석될 수 있음을 강조했다. 채널은 감각 기관(시각, 청각 등)을 통한 물리적 전달 수단으로 커뮤니케이션의 매체적 특성과 직접 연결된다. 수신자 역시 지식 수준, 태도, 사회 문화적 맥락 등 송신자와 동일한 변수들에 의해 메시지의 수용과 해석에 영향을 받는다. 마케팅 커뮤니케이션 영역에서 벌로의 SMCR 모델은 메시지 구성의 전략화, 채널의 선택과 적합성 평가, 그리고 타깃 오디언스의 특성 분석에 유용한 분석 도구로 활용되어 왔다. 특히 송신자와 수신자 간의 배경지식의 일치 여부와 태도의 정합성은 브랜드 메시지의 수용성과 설득력에 중요한 변수로 작용한다. 이 모델은 현대 마케팅에서 소비자 중심 커뮤니케이션 전략을 수립하는 데 이론적 기반을 제공하며, 효과적인 브랜드 커뮤니케이션을 위한 실천적 인사이트를 제시한다.

앞서 언급한 섀넌과 위버(Shannon, 1948)의 정보 전달 모델에서 '노이즈' 개념은 오늘날의 정보 과잉, 필터 버블(Filter Bubble, 알고리즘이 사용자의 선호도를 기반으로 정보를 자동 선별함으로써 이용자가 접하는 정보가 점점 편향되고 제한되는 현상) 알고리즘 편향 등과 연결되며, 기술적 중립성에 대한 비판적 논의로 이어질 수 있다. 나아가 롬보르와 카프슈(Lomborg & Kapsch, 2020)는 알고리즘을 단순한 기술적 산물이 아닌 사용자와 상호 작용을 통해 의미가 구성되는 의사소통적 매개체로 이해한다. 이들은 스튜어트 홀(Stuart Hall)의 인코딩/디코딩 모델을 이론적 틀로 활용하여, 사용자가 알고리즘의 출력 결과를 능동적으로 해석(decoding)하는 동시에, 그러한 해석이 다시 알고리즘 작동에 영향을 미치는 피드백의 구조를 설명한다. 이러한 관점은 알고리즘 기반 플랫폼 환경에서 사용자 주도적 학습과 해석의 가능성을 시사하며, 콘텐츠 유통의 통제권이 전적으로 기술에 있지 않다는 점을 강조한다. 이처럼 사용자는 단순한 수용자가 아니라 데이터를 통해 알고리즘을 학습시키는 주체이며, 이는 AI가 메시지를 어떻게 구성하고 노출할지를 결정하는 데 중요한 변수로 작용한다.

미래 커뮤니케이션 이론의 재구성 방향

알고리즘 커뮤니케이션의 확산은 전통 이론을 대체하는 것이 아니라 새로운 커뮤니케이션 이론의 설계 지점을 제시하고 있다. 무엇보다 커뮤니케이션을 단일한 송신-수신의 흐름으로 이해하기보다는 기술적 작동 원리, 데이터 윤리, 플랫폼 권력, 사용자 행위를 아우르는 복합적 체계로 접근해야 한다.

이처럼 전통적인 커뮤니케이션 연구는 송신자 중심의 일방향 모델을 바탕으로 커뮤니케이션 환경을 비교적 단순화된 구조 안에서 이해해 왔다. 그러나 AI의 등장은 알고리즘, 데이터, 사용자 맥락 등 다양한 기술적 요소들이 커뮤니케이션 과정에 개입하게 만들었고, 이에 따라 커뮤니케이션 현상에 보다 복합적이고 다차원적인 관점에서 접근할 필요가 제기되고 있다. 전통 커뮤니케이션 이론은 오늘날에도 여전히 유효한 분석의 기반을 제공하지만, 기술 매개성과 자동화의 속성을 반영할 수 있도록 그 해석 틀을 한층 유연하게 확장해 나갈 필요가 있다.

첫째, 인간-기계 상호작용(human-AI interaction)을 기반으로 한 커뮤니케이션 모델이 필요하다. 이는 AI를 단순한 매개가 아니라 메시지 생성과 유통에 실질적으로 관여하는 행위자로서 AI를 인정하는 이론적 전환을 의미한다. 둘째, 데이터 기반 피드백 구조를 반영하는 순환형 커뮤니케이션 모델이 요구된다. 사용자의 반응은 더 이상 메시지 효과의 결과가 아니라, 다음 메시지 구성에 직접 영향을 미치는 요소로 작동하며, 이는 동적이고 진화하는 커뮤니케이션 구조를 전제한다. 셋째, 커뮤니케이션 이론은 플랫폼 권력과 알고리즘 투명성 문제를 다루는 비판적 관점을 내포해야 한다. 커뮤니케이션 과정에서 사용자에게 제공되는 정보는 알고리즘의 설계 의도에 따라 제한되거나 강화될 수 있으며, 이는 민주적 공론장의 형성과도 직결된다. 따라서 미래의 커뮤니케이션 이론은 인간, AI, 데이터, 플랫폼이 상호 작용하며 의미를 구성하는 방식을 중심에 두고, 기술 매개적 커뮤니케이션의 정치성, 윤리성, 사회성을 포괄하는 방향으로 나아가야 할 것이다.

참고문헌

김효혜(2019.6.4). "[매경이 만난 사람] 취임 100일 맞은 '산학협력 대가' 김우승 한양대 총장". 매일경제. https://www.mk.co.kr/news/society/view/2019/06/384217

박창호(2019.4.22). "동명대, '사회맞춤형산학협력선도대학(LINC)'로 선정돼". 노컷뉴스. https://www.nocutnews.co.kr/news/5138647

Craig, K. D.(2015). Social communication model of pain. *Pain, 156*(7), pp.1198~1199.

Couldry, N., & Hepp, A.(2018). *The mediated construction of reality.* John Wiley & Sons.

Kite, J. et al.(2023). A model of social media effects in public health communication campaigns: systematic review. *Journal of Medical Internet Research, 25,* e46345.

Laswell, H. D.(1948). *The structure and function of communication in society. The communication of ideas.* Harper and Row.

Lomborg, S., & Kapsch, P. H.(2020). Decoding algorithms. Media, *Culture & Society.* 42(5). pp.745~761.

McQuail, D. & Windahl, S.(2015). *Communication models for the study of mass communications.* Routledge.

Morris, J. W.(2015). Curation by code: Infomediaries and the data mining of taste. *European Journal of Cultural Studies.* 18(4–5). pp.446~463.

Reynolds, B. & Seeger, M. W.(2005). Crisis and emergency risk communication as an integrative model. *Journal of Health Communication, 10*(1), pp.43~55.

Shannon, C. E.(1948). A mathematical theory of communication. *The Bell System Technical Journal, 27*(3), pp.379~423.

Berlo, D. k.(1960), *The Process of Communication: An Introduction to Theory and Practice.* Holt, Rinehart and Winston.

Zarouali, B. et al.(2022). The algorithmic persuasion framework in online communication: conceptualization and a future research agenda. *Internet Research,* 32(4), pp.1076~1096.

02
데이터 기반 마케팅 커뮤니케이션의 진화

디지털 환경의 고도화는 소비자 데이터의 수집과 분석 방식을 자동화하며 마케팅 커뮤니케이션의 근본적 변화를 이끌고 있다. 기업은 실시간 행동 데이터를 바탕으로 개인화된 메시지를 정교하게 설계하고, 소비자 반응을 예측하는 전략으로 전환하고 있다. 특히 AI 기반 분석은 타기팅의 정확도와 커뮤니케이션의 반응성을 동시에 높이고 있다. 이로써 마케팅은 데이터에 기반한 유기적 상호 작용 과정으로 진화하고 있다.

AI와 MBTI?

소비자 데이터 수집 및 분석의 자동화

AI, 빅데이터 분석, 사물 인터넷(Internet of Things, IoT), 클라우드 컴퓨팅, 모바일 기술 등 디지털 기반 기술의 비약적인 발전은 소비자 데이터를 수집하고 활용할 수 있는 범위와 정밀도를 획기적으로 확대했다. 온라인 쇼핑, 소셜 미디어, 검색 기록, 위치 기반 서비스 등 다양한 디지털 접점에서 생성되는 데이터는 소비자의 관심사, 행동 패턴, 심지어 감정 반응까지 정교하게 추적할 수 있는 환경을 제공한다. 특히 IoT 기기의 확산과 모바일 환경의 일상화는 소비자와 브랜드 간 상호 작용의 차원을 확장하며, 실시간 데이터에 기반한 반응형 마케팅을 가능하게 한다. 이러한 기술 기반의 환경 변화는 마케팅 커뮤니케이션 전략이 단발성 캠페인 중심에서 상시적 · 데이터 기반의 맞춤형 전략으로 전환되는 기반을 형성한다(Grewal et al., 2020).

데이터의 양적 확장과 함께 수집 방식 역시 자동화 기술의 발전으로 정교화되고 있다. 과거에는 설문 조사나 패널 인터뷰 등 수동적 데이터 수집 방식이 주를 이루었다면, 오늘날에는 웹 크롤링, 트래킹 픽셀, 쿠키 및 API 연동을 통한 비정형 데이터 수집이 일반화되었다(Kantar, 2022). 특히 국내외 선도 플랫폼 기업들은

DMP(데이터 관리 플랫폼, data management platform)와 CDP(고객 데이터 플랫폼, customer data platform) 등의 통합 설루션을 활용하여 웹사이트, 앱, CRM(고객 관계 관리 시스템, customer relationship management system) 등 다양한 채널에서 데이터를 자동으로 수집·정제하고 있으며, 이는 실시간으로 소비자 행동을 반영한 마케팅 실행을 가능케 한다. 이처럼 자동화된 수집 방식은 기업이 소비자와의 접점을 보다 유기적으로 관리하고, 시간 지연 없이 의사 결정을 내릴 수 있게 해 준다.

글로벌 전자 상거래(e-commerce) 기업인 쇼피파이(Shopify)와 같은 플랫폼은 CDP 기반의 고객 데이터를 활용해 리타기팅(retargeting) 광고와 이메일 캠페인을 실시간으로 최적화하는 퍼포먼스 마케팅 전략을 운영하고 있다. 사용자가 특정 제품을 장바구니에 담고 이탈하면 해당 행동 데이터를 기반으로 자동화된 리타기팅 광고가 실행되고, 개인화된 할인 쿠폰을 포함한 이메일이 발송되어 구매 전환율을 높인다. 또한 글로벌 멤버십 스트리밍 서비스 기업 넷플릭스(Netflix)는 시청 데이터를 실시간으로 분석해 개인 맞춤형 콘텐츠 추천을 제공함으로써 이용자의 플랫폼 체류 시간과 만족도를 극대화한다. 국내 사례로 의류 오픈 마켓 에이블리는 앱 내 소비자 행동 데이터를 기반으로 개인화된 상품 추천과 쿠폰 제공을 자동화했으며, 온라인 식재료 판매 기업 마켓컬리는 구매 이력과 검색 기록을 분석하여 맞춤형 푸시 알림을 실시간으로 제공함으로써 구매 전환을 유도한다. 이처럼 자동화된 데이터 수집과 통합은 마케팅 퍼포먼스를 실시간으로 개선하는 핵심 수단으로 작용하고 있다.

나아가 AI(인공지능) 기반의 데이터 분석 기술은 마케팅 커뮤니케이션의 정밀성과 예측력을 비약적으로 향상한다. 기계 학습 및 자연어 처리(NLP) 기술을 활용하면 대규모 소비자 데이터를 실시간으로 분석하여 개인화된 메시지를 자동 생성하거나, 소비자 반응을 예측하는 알고리즘을 구축할 수 있다(Chatterjee et al., 2021). 예를 들어 감성 분석과 클러스터링 알고리즘을 기반으로 소비자 세그먼트를 재구성하고, 이들에게 최적화된 콘텐츠를 타기팅하는 방식이 보편화되고 있다. 이는 기존의 반응 중심 마케팅에서 예측 기반 전략으로의 패러다임 전환을 의미하며 마케팅 커뮤니케이션의 고도화를 이끄는 핵심 동력으로 작용한다. 이러한 기술의 도입은 소비자에게는 보다 개인화된 경험을 제공하며 브랜드에는 마케팅 자원의 효율적 배분과 전략적 의사 결정의 근거를 제공한다. 특히 경쟁이 치열한 디지털 환경에서 예측 기반 커뮤니케이션은 시장 선도 기업의 핵심 경쟁력이 되고 있다.

예측 기반 타기팅 및 세분화 전략의 고도화

정교한 타기팅과 세분화는 더 이상 과거 행동에 대한 반응에 머무르지 않고, 소비자의 미래 행동을 선제적으로 설계하는 전략으로 진화하고 있다. 기존의 타기팅이 소비자 특성과 과거 이력에 기반한 정적인 분류에 그쳤다면, 최근에는 알고리즘이 소비자의 변화 가능성까지 반영해 실시간으로 타깃을 재정의한다. 특히 고정된 세그먼트가 아닌 사용자의 유동적인 행동 패턴에 따라 타깃 그룹을 지속적으로 갱신하는 구조는 마케팅 메시지의 적시성과 정밀도를 비약적으로 향상하는 기반이 되었다. 이러한 변화는 타기팅을 단순한 분류의 문제가 아닌 예측적 판단과 전략적 개입의 핵심 영역으로 확장했다.

이러한 전략이 가능해진 배경에는 디지털 환경에서 생성되는 방대한 양의 소비자 데이터가 있다. 클릭, 검색, 장바구니 이탈, 구매 이력 등 다양한 디지털 흔적은 AI 기반 분석 기법을 통해 실시간으로 수집·해석되며, 이를 바탕으로 구매 가능성, 이탈 위험, 재방문 주기 등 향후 행동을 정밀하게 예측하는 역량이 강화되고 있다. 이처럼 AI 기반 분석 기술의 진화는 실행 단계의 자동화와 정밀화를 동시에 가능케 하며 예측 중심 마케팅의 핵심으로 작동하고 있다.

바르드와지 외(Bhardwaj et al., 2024)는 전자 상거래 플랫폼에서 AI 기반 개인화 시스템이 고객 행동 예측을 통해 맞춤형 콘텐츠를 제공하고, 이는 전환율 향상으로 이어진다는 점을 실증적으로 보여 주었다. 이 연구는 기계 학습 알고리즘이 고객 세그먼트를 자동으로 식별하고, 구매 의도에 따라 실시간으로 전략을 실행할 수 있음을 제시하며, 예측 기반 타기팅이 단순한 반응 중심 마케팅을 넘어 자동화된 전략 실행의 기반임을 보여 준다. 예컨대, 프랑스 글로벌 화장품 유통 판매 브랜드 세포라(Sephora)는 고객의 구매 이력, 뷰티 관심도, 디지털 활동 데이터를 통합 분석하여, AI 기반 추천 알고리즘을 통해 사용자의 행동을 예측하고 있다. 해당 시스템은 제품 구매 주기와 선호도를 기반으로 리마인더 메시지, 샘플 제안, 이메일 콘텐츠를 맞춤 구성함으로써 개인화된 경험을 제공하며, 이는 전체 구매 전환율 상승으로 이어지고 있다(Ramadan et al., 2023).

이와 함께 세분화 전략 역시 다양한 기준과 변수를 기

반으로 정교화되고 있다. 기존의 연령, 성별, 지역 등 정적인 인구 통계학적 기준에 의존하던 방식에서 벗어나 디지털 환경에서는 소비자의 실시간 행동, 심리적 특성, 관심사, 콘텐츠 반응 패턴 등을 반영한 고차원적 세분화가 가능하다. 바르드와지 외는 AI 기반 세분화 전략이 단순히 효율적인 타기팅을 넘어, 각 세그먼트에 최적화된 메시지를 자동으로 생성하고 채널을 선택할 수 있도록 지원한다고 강조한다(Bhardwaj et al., 2024). 이러한 행동 기반 세분화는 고객 반응률을 높일 뿐만 아니라 고객 만족도 향상과 장기적 관계 형성에도 기여하고 있으며 궁극적으로는 마케팅 자원의 효율적 분배와 커뮤니케이션 정밀도 제고를 가능하게 한다.

예컨대 글로벌 음악 스트리밍 플랫폼 스포티파이(Spotify)는 사용자의 청취 패턴을 기반으로 음악을 추천하고 개인화된 청취 경험을 제공하는 알고리즘 중심의 서비스다. 이 플랫폼은 사용자별 청취 이력, 시간대, 기분 태그, 기기 정보 등을 종합적으로 분석해 '디스커버 위클리(Discover Weekly)'와 같은 개인화된 플레이 리스트를 제공하며, 이는 단순한 추천을 넘어서 고객 세그먼트별로 정교하게 설계된 콘텐츠 전략의 일환으로 작동하고 있다(Covington et al., 2016).

무엇보다 AI는 소비자의 현재 위치, 사용 기기, 접속 시간, 최근 반응 데이터를 종합하여 실시간으로 상황에 맞는 메시지를 자동 생성하고 전달할 수 있다. 이러한 맥락 기반 타기팅은 일률적인 커뮤니케이션에서 벗어나 소비자 환경에 동적으로 반응하는 전략 설계를 가능하게 하며, 마케팅 커뮤니케이션의 유연성과 정밀성을 동시에 강화한다. 이처럼 예측 기반 타기팅과 세분화 전략은 데이터 기반 커뮤니케이션을 단순한 분석 차원을 넘어, 소비자의 현재 행동과 미래 반응을 아우르는 유기적이고 역동적인 전략 체계로 진화시키고 있다. 이에 따라 마케터는 기술 활용 능력에 더해 데이터 기반의 전략적 사고와 설계 능력을 갖춘 정교한 커뮤니케이션 설계자로서의 역할이 더욱 부각된다. 이처럼 정교해진 타기팅 전략은 콘텐츠를 많은 사람에게 도달시키는 수준을 넘어 개인화된 콘텐츠 설계와 실시간 대응 전략으로의 확장을 전제로 한다.

참고문헌

Bhardwaj, S., et al.(2024). Enhancing customer targeting in e-commerce and digital marketing through AI-driven personalization strategies. *Advances in Digital Marketing in the Era of Artificial Intelligence*, pp.41~60.

Chatterjee, S., et al.(2021). The effect of AI-based CRM on organization performance and competitive advantage: An empirical analysis in the B2B context. *Industrial Marketing Management,* 97, pp.205~219.

Chintalapati, S. & Pandey, S. K.(2022). Artificial intelligence in marketing: A systematic literature review. *International Journal of Market Research, 64*(1), pp.38~68.

Covington, P., et al.(2016). Deep neural networks for YouTube recommendations. *Proceedings of the 10th ACM Conference on Recommender Systems,* pp.191~198.

Grewal, D., et al.(2020). The future of technology and marketing: A multidisciplinary perspective. *Journal of the Academy of Marketing Science, 48,* pp.1~8.

KANTAR(2022). Media Trends and Predictions 2022. https://www.kantar.com/Campaigns/Media-Trends-and-Predictions-2022

Ramadan, Z., et al.(2023). AI-driven personalization and consumer well-being: A dual effect. *Technological Forecasting and Social Change, 186,* 122154.

03
맞춤형 커뮤니케이션 전략의 고도화

디지털 환경의 변화는 마케팅 커뮤니케이션의 중심을 대중 확산에서 개인화된 연결로 이동시키고 있다. 소비자는 더 이상 무차별적인 메시지에 반응하지 않으며 맥락에 맞춘 개인화된 콘텐츠에만 주목하고 참여한다. 이에 따라 브랜드는 다양한 채널에서 일관되고 정교한 맞춤형 커뮤니케이션 전략을 구축하고 그 성과는 도달 범위가 아닌 연결의 깊이로 판단된다. 맞춤형 커뮤니케이션은 소비자 경험을 설계하고, 지속 가능한 비즈니스 성과를 견인하는 전략으로 부상하고 있다.

AI와 난임 극복?

개인화 커뮤니케이션의 출현 배경

디지털 기술의 발전은 정보량의 기하급수적 증가, 소비자 관심의 채널 분산, 기대 수준의 고도화를 동시에 불러왔다. 이 같은 변화 속에서 전통적인 일괄형 커뮤니케이션 방식은 점차 설득력을 잃고 있다. 정보 과잉과 광고 포화의 시대에 소비자들은 모든 메시지에 일일이 반응하지 않으며, 오히려 자신과 밀접한 정보, 맥락에 맞는 메시지, 개인의 취향을 반영한 콘텐츠를 기대한다. 이에 부합하지 않는 커뮤니케이션은 무시되거나 심지어 반감을 사기도 한다.

이러한 배경 속에서 개인화 커뮤니케이션은 단순한 마케팅 기법을 넘어, 소비자 중심 사고의 실질적 구현 방식으로 부상한다. 디지털 전환과 데이터 기술의 고도화는 대중을 대상으로 한 일률적인 메시지 전달에서 벗어나, 개인의 특성과 맥락을 반영한 일대일 커뮤니케이션의 가능성을 열어 주었다. 특히 모바일 환경의 일상화, 플랫폼 기반 미디어의 확산, 그리고 실시간 데이터 수집 인프라의 발전은 개별 소비자의 행동, 관심사, 구매 여정을 정밀하게 추적하고 분석할 수 있는 환경을 조성했다.

AI와 빅데이터 기술은 이러한 데이터 기반을 토대로 소비자의 행동 패턴, 선호, 구매 이력 등을 실시간으로 분석하여, 브랜드가 개별 소비자에게 최적화된 메시지를 전달할 수 있는 기반을 제공했다. 예컨대 미국 전자상거래 기업 아마존(Amazon)은 고객이 마지막으로 본 제품, 검색 이력, 리뷰 클릭 여부까지 고려하여 맞춤형 추천 메시지를 설계했으며, 이는 단순한 제품 추천을 넘어 브랜드와 소비자 간의 대화 구조를 형성하는 형태로 진화하고 있다.

이처럼 브랜드는 누구에게나 동일한 메시지를 보내는 것이 아니라, 각 소비자의 맥락과 기대에 맞춰 커뮤니케이션을 설계하는 방향으로 전략을 재구성하고 있다. 마케터는 타기팅, 콘텐츠 구성, 메시지 전달 타이밍까지 포괄하는 정밀한 전략을 수립할 수 있고, 이는 주목도를 높이는 수준을 넘어 브랜드와 소비자 간의 정서적 거리감을 줄이고 장기적인 관계 형성을 유도하는 데 결정적인 역할을 한다. 결국 개인화 커뮤니케이션의 출현은 변화하는 소비 환경과 기술 인프라의 진화에 대한 전략적 대응이자, 디지털 시대의 마케팅이 소비자 경험을 중심에 두고 재편되고 있음을 보여 주는 상징적인 흐름이라 할 수 있다.

다채널 맞춤 커뮤니케이션 전략

개인화 전략이 정교화되면서, 브랜드는 더 이상 특정 채널에 의존하지 않고 다양한 접점에서 일관되게 개인화된 메시지를 전달해야 하는 과제에 직면하게 되었다. 이에 따라 옴니채널(omnichannel) 또는 크로스 채널(cross-channel) 전략이 부상하고 있으며, 이는 소비자 여정 전반에 걸쳐 경험의 연속성과 맥락적 연결을 제공하는 데 초점을 둔다.

예를 들어 스포츠 용품 기업 나이키(Nike)는 자사 앱, 웹사이트, 이메일, 오프라인 매장 등에서 수집한 데이터를 통합하여 사용자의 운동 패턴, 구매 이력, 지역 날씨 정보까지 반영한 맞춤형 메시지를 각 채널에서 제공한다. 이메일로 시작된 제안은 앱 알림으로 이어지고, 오프라인 구매 후에도 후속 콘텐츠가 제공되며, 모든 접점은 통합된 사용자 ID 기반으로 동기화된다. 이러한 전략은 단순한 개인화를 넘어 소비자의 상황과 행동 흐름 전체를 고려한 정합적 커뮤니케이션 체계로 확장하며, 브랜드 충성도와 재방문율을 높이는 데 핵심적인 역할을 하고 있다.

디지털 미디어 환경이 다변화되면서 소비자와 브랜드 간의 접점은 급격히 확장되었다. 하나의 브랜드는 이제 이메일, 모바일 앱, 웹사이트, 소셜 미디어 등 다양한 채널을 통해 소비자와 상호 작용하며, 이와 같은 멀티채널 환경은 커뮤니케이션 전략의 설계에 새로운 과제를 던지고 있다. 특히 각 채널의 특성에 맞는 최적화된 메시지를 제공하면서도, 브랜드 전체로서 메시지 일관성을 유지하는 정교한 설계 역량이 요구된다.

우선 채널별 맞춤 전략은 소비자 반응을 극대화하기 위한 필수 조건이 되었다. 예를 들어 사용자가 특정 상품을 장바구니에 담은 상태라면, 이메일을 통해 할인 쿠폰을 제공하고, 모바일 앱에서는 '오늘 안에 구매 시 당일 배송 가능'이라는 실시간 알림을 전송하는 방식으로 채널 특성과 상황을 고려한 커뮤니케이션이 이루어진다. 이처럼 동일한 소비자에게도 접점의 특성과 맥락에 따라 다르게 전달되는 메시지는 구매 전환을 유도함과 동시에 브랜드에 대한 경험의 연속성과 몰입을 강화하는 효과를 지닌다.

이러한 다채널(Multi-channel) 커뮤니케이션 전략의 기반이 되는 것은 채널 간의 데이터 연동과 통합 관리 체계다. 다양한 채널에서 발생하는 소비자의 행동 데이터를 통합적으로 수집하고 분석할 수 있는 구조가 마련되어야, 맞춤형 메시지를 정교하게 실행할 수 있다. 이를 위해 고객 데이터 플랫폼(CDP), 마케팅 자동화 시스템(Marketing Automation System, MAS), 고객 여정 관리(Customer Journey Management, CJM) 툴과 같은 기술 인프라가 핵심적으로 활용된다. 이들 시스템은 각 접점에서 수집된 소비자 데이터를 실시간으로 분석하고, 상황에 맞는 콘텐츠를 자동으로 배분함으로써 개인화 전략의 일관성과 실행력을 동시에 확보한다.

결과적으로 다채널 기반의 맞춤 커뮤니케이션 전략은 단순한 메시지 전달 방식을 넘어, 브랜드 경험 전체를 설계하는 구조적 접근으로 진화하고 있다. 실시간 반응, 맥락 기반 콘텐츠 조정, 자동화된 여정 설계 등 고도화된 개인화 전략이 작동하기 위해서는, 다채널 커뮤니케이션의 정교한 설계와 운영이 체계적으로 뒷받침되어야 한다. 다시 말해, 다채널 전략은 개인화 커뮤니케이션이 일상적으로 작동하는 디지털 마케팅 환경의 토대를 구성한다.

마케팅 커뮤니케이션의 새로운 성공 지표

과거 마케팅 커뮤니케이션의 성과는 도달률(reach), 노출 빈도(impression), 클릭률(CTR) 등 정량적 지표를 중심으로 평가했다. 이 지표들은 메시지의 확산 정도를 수

치화하는 데 유용했지만, 소비자와 관계 형성 측면에서는 한계를 지녔다. 디지털 환경이 고도화되고 소비자의 기대 수준이 높아진 오늘날에는 참여도(engagement), 관련성(relevance), 개인화 수준(personalization)과 같은 질적 지표가 핵심 성과 기준으로 부상하고 있다. 메시지를 단순히 전달하는 것이 아니라 소비자의 맥락과 관심에 부합하도록 만드는 커뮤니케이션만이 실제 반응을 이끌어 낼 수 있다는 인식의 전환이 이루어진 것이다.

현대 소비자는 자신과 무관한 정보에는 무관심하며, 오히려 개인의 상황, 감정, 구매 여정 등을 반영한 메시지에 더 오래 주목하고 적극적으로 반응한다. 관련성은 단순히 주제 적합성을 넘어, 소비자의 위치, 행동 흐름, 감정 상태를 반영한 메시지 설계의 결과로 이해되며, 이는 커뮤니케이션 전략이 정적 구조에서 동적 · 맞춤형 구조로 진화하고 있음을 보여 준다. 성과의 기준은 메시지의 '도달' 자체가 아니라, 메시지가 소비자에게 얼마나 '의미 있게 받아들여졌는가'로 옮겨 가고 있다.

이에 따라 기업들은 기존 정량 지표를 보완하기 위해 메시지의 적합성과 공감도를 측정할 분석 체계와 기술을 적극 도입하고 있다. 예를 들어 넷플릭스는 시청자별로 감정 반응을 유도하는 콘텐츠 구성과 노출 순서를 설계하고 있으며, 클릭률보다는 체류 시간이나 완주율과 같은 심화 지표를 핵심 성과 지표로 활용한다(Gomez-Uribe & Hunt, 2015). 이와 유사하게 유튜브 또한 사용자 맞춤형 추천 시스템에서 딥 러닝 기반 알고리즘을 활용하여, 클릭 유도보다 시청 지속 시간의 극대화를 전략적으로 추구하고 있다(Covington et al., 2016). 이처럼 플랫폼들은 단순한 반응 수치보다 몰입도와 경험의 깊이를 중심으로 콘텐츠 전략을 정교화하고 있다. 아마존 역시 상품 추천과 이메일 캠페인에서 클릭률뿐 아니라 개인화 메시지가 실제 구매나 후속 탐색으로 이어졌는지를 추적하며, 전환율 향상을 위한 맥락 기반 메시지를 지속적으로 최적화했다. 이들 기업은 고객 데이터 플랫폼(Customer Data Platform, CDP)과 마케팅 자동화 시스템을 통해 소비자 여정 전반의 데이터를 통합 분석하며, 시의적절하고 정서적으로 연결되는 커뮤니케이션을 구현하고 있다.

맞춤형 커뮤니케이션 전략은 단순한 노출을 넘어 실질적인 성과로 이어진다. 첫째, 광고 예산 대비 반응률이 향상되며, 둘째, 소비자의 자발적인 상호 작용을 이끌어 내고 브랜드에 대한 신뢰도를 높이는 구조를 형성하게 된다. 셋째, 이탈률을 낮추고 장기 고객으로의 전환율을 높임으로써 전반적인 비즈니스 성과를 향상할 수 있다. 이는 관련성 기반 전략이 단지 마케팅의 효율성만을 높이는 것이 아니라 브랜드 철학과 소비자 존중의 실천이라는 측면에서도 핵심적인 전략임을 보여 준다. 오늘날 마케팅의 중심축은 '도달의 경쟁'에서 '연결의 경쟁'으로 이동하고 있으며, 관련성 높은 맞춤형 커뮤니케이션이 지속 가능한 경쟁력을 결정짓는 핵심 자산이 되고 있다.

이러한 전략이 실질적으로 작동하기 위해서는 새로운 지표 체계가 요구된다. 전통적인 KPI(핵심 성과 지표, Key Performance Indicator)로는 개인화 전략의 정밀도와 파급력을 충분히 평가할 수 없으며, 디지털 환경에서는 보다 다면적인 성과 척도가 필요하다. 참여도(engagement)는 콘텐츠와 소비자의 상호 작용 깊이를, 관련성(relevance)은 메시지의 개인화 적합도를, 전환율(conversion rate)은 실제 행동 유발 여부를 측정한다. 또한 고객 생애 가치(lifetime value, LTV)는 장기적 관계에서 발생하는 가치를, 이탈률(churn rate)과 피로도(fatigue metrics)는 과도한 개인화가 유발한 부정적 반응을 진단하는 데 유용하다.

이 지표들은 단절된 항목이 아니라 상호 작용하는 흐

름 속에서 작동해야 한다. 정성적(定性的) 지표 기반의 통합적 성과 관리 체계는 기계적인 수치 측정을 넘어 소비자 중심의 마케팅 문화를 설계하는 전략적 기반이 된다. 특히 AI 기반 마케팅 환경에서는 지표 간의 유기적 연계를 분석하고 예측하는 기술적 역량이 성과 관리의 핵심이 되며, 이는 성과를 바라보는 관점이 수치 중심에서 소비자와의 의미 있는 연결 중심으로 점차 옮겨 가고 있음을 보여 준다. 결국 오늘날 논의되는 참여도, 관련성, LTV, 이탈률과 같은 지표들은 AI 시대의 마케팅 커뮤니케이션 전략을 설계하고 평가하는 데 새로운 기준이자 마케팅 전략의 본질적 전환을 반영하는 핵심 척도로 자리매김하고 있다.

맞춤형 커뮤니케이션의 비즈니스 가치

맞춤형 커뮤니케이션 전략은 소비자의 반응을 유도하는 데 그치지 않고, 기업의 마케팅 효율성과 비즈니스 성과 전반에 긍정적인 영향을 미친다. 가장 주목할 만한 효과 중 하나는 고객 획득 비용의 절감이다. 명확한 타기팅을 통해 불필요한 광고 노출을 줄이고, 전환할 가능성이 높은 대상에게 집중함으로써 마케팅 자원의 낭비를 최소화할 수 있다. 또한 개인화된 커뮤니케이션은 고객 생애 가치의 증가로 이어진다. 브랜드와 정서적 연결감이 형성될수록 반복 구매와 장기적인 충성도가 강화되며, 이는 단순한 1회성 반응을 넘어 지속 가능한 수익 구조를 가능하게 한다.

실제로 정서적 유대는 고객으로 하여금 브랜드를 경쟁 대안보다 선호하도록 만들고, 이는 장기적인 관계 형성으로 이어진다(Hyken, 2022). 또한 소비자는 자신이 감정적으로 연결되어 있다고 느끼는 브랜드에 대해 더 높은 충성도와 신뢰를 보이는 경향이 있다(Loureiro et al., 2012). 특히 제품과 서비스에 대한 이해도가 높은 고객일수록, 자신에게 최적화된 메시지를 받았을 때 브랜드에 대한 신뢰와 만족도가 더욱 높아지는 경향이 있다. 맞춤화된 커뮤니케이션은 고객의 기대와 선호를 반영함으로써 브랜드에 대한 신뢰 형성과 긍정적 평가를 이끄는 핵심 전략으로 작용한다. 개인화된 메시지는 브랜드가 고객을 이해하고 존중한다는 인식을 강화하며, 이는 결과적으로 소비자의 만족도와 장기적 관계 유지를 높인다.

아울러 맞춤형 전략은 브랜드 충성도뿐 아니라 이탈률 감소에도 기여한다. 예를 들어 넷플릭스는 AI 기반의 개인화 추천 시스템을 통해 전체 시청의 80% 이상을 추천 콘텐츠에서 유도하고 있으며, 이를 통해 이탈률을 2.3% 수준으로 낮게 유지한다. 이러한 전략은 연간 약 10억 달러에 달하는 이탈 방지 효과로 이어졌다는 평가를 받고 있다(DigitalDefynd, 2025). 이처럼 불필요하거나 과도한 메시지를 줄이고, 소비자의 기대에 부합하는 정보를 적시에 제공함으로써, 브랜드와의 상호 작용은 보다 긍정적인 경험으로 전환된다. 이러한 경험은 장기적으로 브랜드에 대한 지지 기반을 공고히 하고, 자발적인 구전과 추천으로 이어지는 선순환 구조를 형성한다. 맞춤형 커뮤니케이션은 이처럼 소비자 중심 전략을 실현하는 구체적 방식이자, 브랜드와 고객 간의 관계를 심화시키는 핵심 수단으로 작용한다. AI 시대의 마케팅에서 개인화 전략은 지속 가능한 경쟁력을 좌우하는 핵심 전략으로 자리 잡고 있다.

참고문헌

Casaca, J. A. & Miguel, L. P.(2024). The Influence of Personalization on Consumer Satisfaction: Trends and Challenges. *Data-Driven Marketing for Strategic Success*, pp.256~292.

Covington, P., et al.(2016). Deep Neural Networks for YouTube Recommendations. *Proceedings of the 10th ACM*

Conference on Recommender Systems, pp.191~198.

DigitalDefynd(2025). 20 Ways Netflix Is Using Artificial Intelligence [In Depth Analysis][2025]. https://digitaldefynd.com/IQ/ways-netflix-uses-ai/

Gomez-Uribe, C. A. & Hunt, N.(2015). The Netflix Recommender System: Algorithms, Business Value, and Innovation. *ACM Transactions on Management Information Systems(TMIS), 6*(4), pp.1~19.

Hyken, S.(2022.10.23). Customer Loyalty Comes From an Emotional Connection. *Forbes.* https://www.forbes.com/sites/shephyken/2022/10/23/customer-loyalty-comes-from-an-emotional-connection/

Loureiro, S. M. C., et al.(2012). Brand Emotional Connection and Loyalty. *Journal of Brand Management, 20*(1), pp.13~27.

04
생성형 AI와 콘텐츠 혁신

콘텐츠는 더 이상 고정된 결과물이 아니라, 실시간으로 생성되고 진화하는 대화의 형태로 바뀌고 있다. 생성형 AI는 브랜드의 콘텐츠 기획과 제작 방식을 근본적으로 변화시키며, 소비자의 맥락과 반응에 따라 텍스트, 이미지, 영상이 유연하게 생성되는 환경을 만들고 있다. 오늘날 브랜드 메시지는 소비자와 함께 만들어 내는 맞춤형 경험의 형태로 발전해 가고 있다.

AI와 사주?

생성형 AI와 콘텐츠 전략의 진화

기획에서 콘텐츠 제작과 전달까지의 간극이 사라지면서 생성형 AI(Generative AI)는 콘텐츠 중심의 마케팅 커뮤니케이션을 실시간 기반의 맞춤형 구조로 이끌고 있다. 기존의 콘텐츠 제작은 기획자와 디자이너가 협업하여 수작업으로 결과물을 완성하는 선형적 방식이 일반적이었으며, 품질과 양 사이의 상충하는 균형(trade-off)을 필연적으로 고려해야 했다. 그러나 생성형 AI는 이 구조를 재정의하며, 생산성과 창의성 모두를 향상할 가능성을 열고 있다(Heitmann, 2024).

GPT 계열의 언어 생성 모델(OpenAI, 2023)과 이미지 생성 도구인 달리(DALL · E), 미드저니(Midjourney), 스테이블 디퓨전(Stable Diffusion) 등은 인간의 개입 없이도 자연스럽고 창의적인 텍스트와 비주얼 콘텐츠를 실시간으로 만들어 낸다. 이를 통해 브랜드는 텍스트, 이미지, 영상 등 다양한 형태의 콘텐츠를 빠르게 제작할 수 있으며, 소비자 특성에 맞춰 개인화된 메시지를 정교하게 구성할 수 있는 기반을 마련하게 되었다. 이 과정은 콘텐츠 제작의 효율성을 높이는 동시에 소비자 맥락에 최적화된 커뮤니케이션을 실현하는 전략으로 확장되고 있다.

또한 생성형 AI는 콘텐츠 자동 생성에 그치지 않고, 반복적인 테스트와 피드백 기반 개선을 통해 실험 중심의 커뮤니케이션 전략(experiment-driven communication strategy)을 가능하게 만든다. 브랜드는 수십 개의 메시지를 동시다발적으로 제작 · 배포하고, 소비자의 반응 데이터를 기반으로 실시간 조정을 거쳐 최적의 콘텐츠를 선별해 확산시키는 유연한 운영이 가능해졌다. 매킨지(McKinsey) 보고서에 따르면, 생성형 AI는 마케팅 콘텐츠의 아이디어 발굴부터 더 나은 대안을 가려내는 A/B 테스트, 콘텐츠 배포에 이르기까지의 전 과정을 자동화하고 있으며, 이를 통해 마케팅 속도와 효율성을 획기적으로 높이고 있다(Harkness et al., 2023). 이러한 기술은 반복적인 실험을 통해 메시지의 효과성을 실시간으로 검증하고, 그 결과를 반영한 정교한 개인화 전략 수립을 가능하게 한다. 생성형 AI는 궁극적으로 브랜드가 정적인 메시지에서 벗어나, 동적이고 대화 중심의 커뮤니케이션 구조를 설계하도록 이끄는 전략적 파트너다.

결국 생성형 AI는 마케팅 커뮤니케이션에서 제작 도구의 의미를 넘어서 브랜드의 표현 방식과 전략적 사고를 함께 설계하는 창의적 파트너로 자리매김하고 있다.

이러한 역할 전환은 브랜드가 소비자와의 접점을 설계하는 방식, 메시지의 어조와 타이밍, 콘텐츠의 맥락까지 AI와 함께 조율하는 새로운 협업 체계를 만들어 낸다.

생성형 AI 기반 콘텐츠의 유형과 특성

생성형 AI는 텍스트, 이미지, 음성 등 다양한 콘텐츠 형식에서 활용되며, 마케팅 커뮤니케이션 전략의 핵심 도구로 빠르게 부상하고 있다. 텍스트에서 이미지 · 비디오, 그리고 음성에 이르기까지, 생성형 AI는 다양한 콘텐츠 영역에서 실질적인 마케팅 도구로 자리 잡으며 그 활용 폭을 넓혀 가고 있다. 텍스트 기반 콘텐츠에서는 광고 카피, 블로그 포스팅, 뉴스레터, 챗봇 응답문 작성 등 다양한 영역에 적용되며, 이미지와 비디오 콘텐츠 영역에서는 제품 이미지 시뮬레이션, 가상 모델 광고, 소셜 미디어 쇼트폼(short form) 콘텐츠 자동화 등에 적극 활용되고 있다. 음성 및 음악 콘텐츠의 경우, 개인화된 오디오 경험을 제공하는 방향으로 빠르게 진화하고 있다.

이러한 기술적 진보는 마케팅 분야를 넘어, 영화와 같은 엔터테인먼트 산업 전반에서도 콘텐츠 제작 방식의 혁신 수단으로 주목받고 있다. 최근 뉴욕에서 개최된 '2025년 AI 영화제(AIFF)'에서는 AI가 시나리오부터 편집까지 주도한 단편 영화 6천여 편이 출품되었고, 이 중 10편이 최종 선정되어 상영되는 등 AI 창작물이 실제 산업 내에서 일정한 위상을 확보하고 있음을 보여 주었다(Anderson, 2025). 또 칸 영화제와 베니스 영화제는 AI 작품을 위한 별도의 시상 부문인 AI 영화상(AI Film Awards)을 신설하였으며 이는 AI 콘텐츠가 예술성과 창의성의 영역에서도 평가받고 있음을 시사한다. 이러한 흐름 속에서 생성형 AI는 시나리오 초안 작성, 캐릭터 디자인, 사운드트랙 제작 등 영화 제작의 전반에 활용되며, 창작의 효율성과 예술적 완성도를 동시에 높이는 새로운 동력으로 각광받고 있다.

생성형 AI의 이러한 활용은 콘텐츠 유형에 따라 더욱 세분화되며, 텍스트, 이미지, 음성 등 각 영역에서 고유한 방식으로 구체화되고 있다. 우선 텍스트 콘텐츠 분야에서는 광고 카피, 블로그 포스팅, 제품 설명, 뉴스레터, 고객 응대용 챗봇 스크립트에 이르기까지 다양한 형식에서 생성형 AI를 폭넓게 활용한다. 특히 언어 생성 모델을 활용하면 브랜드의 톤과 스타일을 반영한 일관된 메시지를 대량으로 빠르게 생성할 수 있어, 콘텐츠 제작의 속도와 품질을 동시에 확보할 수 있다. 대표적인 사례로 미국의 뉴스 엔터테인먼트 웹사이트 버즈피드(BuzzFeed)는 뉴스레터와 퀴즈 콘텐츠의 일부를 챗지피티(ChatGPT) 기반 생성형 AI로 자동화하여 제작했다. 이들은 독자의 기분, 성격, 관심사 등에 기반해 맞춤형 퀴즈와 콘텐츠를 생성하는 방식을 실험하고, 이를 통해 제작 비용을 절감하고 독자와의 개인화된 접점을 확장하였다(Vincent, 2023). 버즈피드의 최고 경영자 조나 페레티(Jonah Peretti)는 AI를 인간 편집자의 창의성을 확장하는 도구로 활용하겠다고 밝히며, 생성형 AI 기반 콘텐츠를 '실험적이고 고유한 저널리즘 모델'로 진화시킬 의지를 강조한 바 있다. 이러한 활용 방식은 단순한 생산성 향상을 넘어, 브랜드가 독자와 보다 정교하게 연결되고, 개별 소비자의 맥락에 맞는 커뮤니케이션을 설계하는 데 필수적인 전략으로 자리 잡고 있다.

이미지와 비디오 콘텐츠 영역에서는 제품 이미지 시뮬레이션, 가상 모델 광고, 소셜 미디어 쇼트폼 콘텐츠 자동화 등에 생성형 AI를 활발히 활용하고 있다. 대표적인 사례로는 패션 리테일 기업 잘란도(Zalando)의 프로젝트가 있다. 잘란도는 생성형 AI를 활용해 모델의 디지털 복제(digital twin)를 생성하고, 이를 기반으로 다양한 스타일과 포즈의 패션 이미지를 신속하게 제작했다. 그 결과 이미지 제작 기간을 기존 6~8주에서 3~4일로 단축하고 비용은 최대 90%까지 절감했다(Reid, 2024). 이 사례는 AI 기반 이미지 생성 기술이 마케팅 콘텐츠 제작의 속도와 효율성을 어떻게 혁신적으로 변화시키는지를 보여준다. 또한 완구 판매 체인점 토이저러스(Toys "R" Us)는 오픈AI의 영상 생성 모델 소라(Sora)를 활용해 브랜드 창립자인 찰스 라자러스(Charles Lazarus)의 이야기를 담은 66초 분량의 단편 영상을 제작했다. 이 영상은 창업 초창기에 자전거 가게에서 시작해 장난감으로 가득 찬 상상의 공간으로 확장하는 과정을 시각적으로 구현했으며, 전통 브랜드가 생성형 AI를 활용해 새로운 감성적 내러티브를 실험한 사례로 주목받았다(Knutsson, 2024). 이처럼 생성형 AI는 이미지 및 영상 콘텐츠 제작에서 단순한 비용 절감 이상의 전략적 가치를 창출하며, 브랜드의 창의성과 표현력을 새롭게 재구성한다.

음성 및 음악 콘텐츠 영역 역시 빠르게 진화하고 있다. 생성형 AI 기술은 이제 음성 합성, 음악 작곡, 개인화된 오디오 콘텐츠 생성 등 다양한 방식으로 활용하며, 오디오 기반 마케팅 전략의 패러다임을 바꾸고 있다. 특히 스포티파이(Spotify)의 AI DJ 기능은 대표적인 사례로, 청취자의 선호 장르, 청취 이력, 시간대 등의 데이터를 분석해 개인화된 음악 큐레이션과 실시간 해설을 결합한 오디오 경험을 제공하고 있다. 이 기능은 단순한 자동 재생 기능을 넘어 사용자와 브랜드 간의 감성적 접점을 확장하는 인터랙티브 오디오 커뮤니케이션의 형태로 진화했다. 2025년 6월 LG전자는 '미소를 전하는 음악 스테이션(Radio Optimism)' 캠페인을 통해 생성형 AI로 즉석에서 음악을 제작해 브랜드 감성을 전달하는 마케팅을 선보였다. 사용자가 제시한 문장이나 감정에 기반한 프롬프트를 입력하면, AI가 즉시 맞춤형 음악과 커버 아트를 생성해 소중한 사람에게 공유할 수 있는 플랫폼을 도입했다. 이 전략은 디지털 공간에서 개인 간 연결을 촉진하며, 브랜드 메시지에 감정적 울림을 더하는 사례로 주목받았다(정상훈, 2025). 또한 AI 기반 음성 콘텐츠는 팟캐스트, 오디오 북, 고객 응대 시스템 등 다양한 영역에서 활용되며, 기존에는 불가능했던 대규모 개인화를 실현한다. 이는 브랜드가 텍스트 기반 중심의 메시지 전달에서 벗어나, 감각적이고 몰입감 있는 오디오 경험을 통해 소비자와의 관계를 심화할 가능성을 열어 주고 있다.

텍스트, 이미지, 음성 등 이질적인 데이터를 통합하여 구현되는 멀티 모달(multimodal) 콘텐츠도 빠르게 확산되고 있다. 이러한 콘텐츠는 단일 형식의 메시지 전달을 넘어 다양한 감각적 요소를 결합함으로써 브랜드 커뮤니케이션의 몰입도와 정서적 연결감을 극대화하는 방향으로 진화했다. 대표적인 사례로 AI 개발 기업인 솔 머신(Soul Machines)은 텍스트, 음성, 시각적 표현(표정, 시선, 제스처 등)을 통합한 디지털 휴먼을 개발하여, 사용자와 실시간 대화가 가능한 몰입형 인터페이스를 구현했다. 이 AI 어시스턴트는 인간처럼 감정을 표현하고, 시선과 얼굴 움직임을 조절하며 반응함으로써, 실제 사람과 상호 작용하는 듯한 경험을 제공한다. 글로벌 럭셔리 브랜드 LVMH는 이러한 디지털 휴먼을 고객 응대와 브랜드 프레젠테이션에 도입하여, 고급스러운 브랜드 경험을 기술 기반으로 확장했다. 이는 단순한 자동화 수준을 넘어, 브랜드 세계관을 감각적으로 재현한 멀티 모달 커뮤니케이션의 대표적인 사례로 평가된다. 이처럼 텍스트나 이미지에 국한되지 않고, 음악, 음성, 영상, 움직임 등 다양한 모달을 결합하는 콘텐츠는 언어와 문화의 경계를 유연하게 넘나드는 커뮤니케이션 수단이다. 특히 생성형 AI가 창출하는 음악이나 이미지 중심의 콘텐츠는 언어에 의존하지 않는 비언어적 감성을 기반으로 하여, 문화적 배경이 상이한 글로벌 소비자에게도 브랜드 메시지를 일관되게 전달할 수 있는 가능성을 보여준다. 이는 멀티 모달 콘텐츠가 브랜드의 문화적 포용성과 표현력을 확장하는 데에도 기여한다는 점에서 전략적 의미를 지닌다.

생성형 AI가 가져온 콘텐츠 전략의 변화

생성형 AI는 단지 콘텐츠를 자동으로 만드는 기술이 아니라 콘텐츠 전략 전반을 재설계하는 촉매제로 작용한다. 우선 AI 기반 데이터 분석 기술은 소비자 성향과 행동 데이터를 바탕으로 초개인화 콘텐츠를 구현할 수 있도록 돕는다. 소비자의 구매 이력, 검색 기록, 클릭 패턴 등을 분석하여, 각 개인에게 최적화된 메시지를 실시간으로 전달하는 것이 가능해졌다. 이는 단순한 타깃 마케팅 수준을 넘어 개인의 맥락을 고려한 적시성(timeliness) 있는 커뮤니케이션 전략으로 진화하고 있음을 의미한다.

A/B 테스트 방식도 크게 진화했다. 과거에는 두세 가지 콘텐츠 버전을 비교했지만, 생성형 AI는 수십 개 이상의 광고 크리에이티브(광고 아이디어를 구현한 결과물)를 자동 생성하고, 이를 다양한 채널에서 실시간으로 테스트하여 가장 효과적인 버전을 선택한다. 이 과정은 마케터가 미처 예측하지 못했던 조합이나 표현 방식도 탐색 가능하게 해 준다. 이러한 변화는 콘텐츠 제작과 실행 방식이 기획 기반에서 데이터 기반의 실험적 접근으로

전환되고 있음을 시사한다. 생성형 AI는 수많은 크리에이티브를 단기간 내 생성하고 실험할 수 있어, 정성적 직관보다 정량적 성과에 기반한 콘텐츠 전략 수립이 가능해졌다. 이는 마케터가 사전에 설정한 가설에만 의존하는 것이 아니라, AI가 실제 사용자 반응을 통해 새로운 인사이트를 스스로 발굴하고 학습하는 순환 구조를 가능하게 한다는 점에서 기존 방식과 차별화된다. 또한, 크리에이티브의 다양성이 확보되면서 소비자 세분화(segmentation) 수준에 따라 정교한 맞춤형 콘텐츠 제공이 가능해졌다. 이는 곧 콘텐츠의 실패 비용을 최소화하고, 성공 가능성이 높은 버전을 빠르게 도출해 내는 최적화된 운영 체계로 이어진다.

마지막으로, 콘텐츠 제작의 민주화 역시 중요한 변화다. 더 이상 전문 디자이너나 카피라이터가 아니어도, 누구나 생성형 AI 툴을 활용해 광고 콘텐츠를 제작할 수 있는 환경이 조성되었다. 과거에는 높은 제작 비용과 전문 인력 투입력의 한계로 인해 대규모 자본을 보유한 기업 중심의 콘텐츠 생산이 주를 이뤘다면, 이제는 생성형 AI를 활용해 개인 창작자, 스타트업, 소상공인도 브랜드 스토리를 자유롭게 시각화하고 확산할 기회를 갖게 되었다. 이는 곧 콘텐츠 생산 주체의 다변화로 이어지며,

보다 다양한 시각과 목소리가 브랜드 커뮤니케이션 공간에 등장하는 결과를 가져온다. 이는 중소기업이나 1인 브랜드에도 강력한 크리에이티브 역량을 제공하며, 콘텐츠 시장의 진입 장벽을 획기적으로 낮추고 있다. 특히 생성형 AI는 비전문가에게도 전문성 있는 결과물을 구현할 도구적 권한을 제공한다는 점에서, 단순한 효율화 수준을 넘어 콘텐츠 표현의 평등성을 확대했다. 궁극적으로 AI가 브랜드와 소비자 모두에게 콘텐츠 주체로서의 역할과 영향력을 확대할 수 있는 새로운 시대를 열어가고 있다.

이와 같이 생성형 AI는 마케팅 콘텐츠의 효율성, 다양성, 개인화를 동시에 실현하며, 브랜드 커뮤니케이션 전략의 새로운 표준으로 부상하고 있다. 이는 생성형 AI가 콘텐츠 기획과 실행의 철학을 근본적으로 전환하는 변화로 평가될 수 있다. 앞으로의 마케팅은 불특정 다수를 향한 확산이 아닌, 개인의 선호와 맥락에 정밀하게 대응하는 콘텐츠를 대규모로 생성하고 유통하는 능력이 핵심 경쟁력으로 작용할 것이다.

참고문헌

정상훈(2025.6.26). “LG전자, AI 기반 'Radio Optimism'으로 감사

메시지를 음악으로 전달". 이코노미사이언스. https://www.e-science.co.kr/news/articleView.html?idxno=107180

Anderson, L.(2025.3.8). Film festival showcases what artificial intelligence can do on the big screen. Associated Press. https://apnews.com/article/3b5d40e4c2e20f7a4d34f1f5d4907ba7

Harkness, L., et al.(2023). How Generative AI Can Boost Consumer Marketing. McKinsey & Company. https://www.mckinsey.com/capabilities/growth-marketing-and-sales/our-insights/how-generative-ai-can-boost-consumer-marketing

Heitmann, M.(2024). Generative AI for Marketing Content Creation: New Rules for an Old Game. *NIM Marketing Intelligence Review, 16*(1), pp.10~17.

Knutsson, K.(2024.07.20). Toys 'R' Us AI-generated ad sparks fear and fascination. CyberGuy. https://cyberguy.com/business/toysrus-ai-generated-ad-sparks-fear-and-fascination/

Kuo, L.(2018.11.9). China's State News Agency Has Created an AI Anchor to Read the News. CNN. https://edition.cnn.com/2018/11/09/tech/china-xinhua-ai-news-anchor-intl/index.html

Reid, H.(2024.5.7). Zalando Uses AI to Speed Up Marketing Campaigns, Cut Costs. Reuters. https://www.reuters.com/business/media-telecom/zalando-uses-ai-speed-up-marketing-campaigns-cut-costs-2025-05-07/

Vincent, J.(2023.1.26). BuzzFeed Is Using AI to Create Quizzes

and Other Content. The Verge.
https://www.theverge.com/2023/1/26/23572834/buzzfeed-using-ai-tools-personalize-generate-content-openai

05
고객 여정과 AI 자동화 전략

고객은 더 이상 브랜드가 설정한 경로를 따라 움직이지 않는다. 수많은 채널과 변덕스러운 맥락 속에서 각자의 방식으로 여정을 만들어 간다. 이러한 흐름 속에서 AI는 고객의 행동을 실시간으로 감지하고 반응하는 자동화된 동반자로 진화하고 있다. 브랜드는 이제 고객 여정의 흐름을 섬세하게 읽고 그에 맞춰 조율할 수 있는 유연한 전략을 AI와 함께 만들어 갈 필요가 있다.

AI와 아이돌?

고객 여정의 개념과 진화

고객 여정(customer journey)은 소비자가 브랜드와 상호작용하는 전체 과정을 시간적 흐름에 따라 구조화한 개념으로, 단일 접점이 아닌 다양한 채널과 맥락에서 축적되는 경험의 총합을 의미한다(Lemon & Verhoef, 2016). 초기에는 AIDA(Attention-Interest-Desire-Action) 모델이나 구매 퍼널(funnel, 소비자가 구매에 이르는 단계를 깔때기 형태로 묘사한 모델)처럼 선형적 흐름 중심의 전통적 프레임을 통해 설명되었지만 오늘날 고객 여정은 디지털 플랫폼의 확산과 상호 작용 채널의 복잡화, 비정형적 접점의 증가로 인해 비선형적이고 동적인 구조로 재해석되고 있다(Baxendale et al., 2015). 특히 소비자는 브랜드 웹사이트, 검색 엔진, 소셜 미디어, 리뷰 플랫폼 등 다양한 채널을 반복적으로 넘나들며 정보를 탐색하고, 각 접점에서의 경험이 서로 영향을 주고받는 네트워크 기반의 경험 경로를 형성하게 된다(Pauwels et al., 2016). 더불어 고객 여정은 브랜드 충성도, 전환율, 재구매 등 성과 지표와 밀접하게 연결되는 설계 기반으로 작용하며, 각 접점에서의 경험 품질 관리(experience quality management)는 전체 브랜드 인식의 일관성과 신뢰 형성에 결정적 역할을 한다. 결국 고객 여정 기반의 커뮤니케이션 전략은 브랜드-소비자 관계를 선형적 흐름이 아닌 상호 작용의 연속성과 축적이라는 관점에서 조망하게 한다. 디지털 전환과 AI 기술의 진전에 따라, 고객 여정은 각 접점의 경험을 정밀하게 조율하고 소비자 맥락에 맞춰 유기적으로 개입할 수 있는 전략적 도구로 활용되고 있다.

현대 마케팅 커뮤니케이션은 고객 여정의 복잡성과 유동성을 반영한 전략적 대응이 요구되는 환경에 놓여 있다. 브랜드 인식부터 구매 이후의 후기, 공유, 재구매에 이르기까지 고객 여정은 반복적이고 예측 불가능한 경로를 따라 전개되며, 각 접점은 상호 작용적이고 개인화된 경험의 순간으로 구성된다. 이에 따라 마케팅 커뮤니케이션 전략 역시 정해진 흐름을 따르기보다, 유동적인 여정을 실시간으로 감지하고 조율하는 방식으로 전환되고 있다. 특히 구매 이후 단계에서 이루어지는 리뷰, 후기, 해시태그 등 자발적인 콘텐츠 생산은 브랜드 인식의 확산과 신뢰 형성에 핵심적인 촉매로 작용하며, 브랜드가 고객과 장기적인 관계를 구축하는 데 중요한 기반을 형성한다(Baxendale et al., 2015). 따라서 기업은 전체 여정을 하나의 유기적 흐름으로 인식하고, 각 접점에서의 감정과 반응을 정교하게 관리할 수 있는 커뮤니케이션 전략을 구축해야 할 필요성이 커지고 있다.

고객 여정의 복잡성과 비선형성은 오늘날 브랜드에 단순한 소비자 행동 분석을 넘어, 전반적인 경험 흐름을 유기적으로 관리하고 최적화할 전략적 역량을 요구한다. 고객과의 접점은 이제 독립된 행위가 아니라, 브랜드 인식, 감정 반응, 행동 유도 등이 누적되고 상호 작용하는 동적 경로(dynamic path, 고객의 여정이 일방향이 아닌 맥락과 상황에 따라 유동적으로 전개되는 비선형적 흐름)로 작동한다. 이러한 전환 속에서 AI는 고객 여정의 실시간 감지, 맥락 기반 예측, 자동화된 대응 체계를 가능하게 만들며, 브랜드가 각 접점에서 상황에 적합한 맞춤형 경험을 제공하는 기반 기술로 작용하고 있다(Araujo et al., 2022). 결과적으로 고객 여정은 기술과 데이터를 기반으로 브랜드와 소비자 간 관계를 정밀하게 설계하고 조율하는 전략적 관리 체계로 진화하고 있다. 이는 브랜드가 각 접점에서의 경험을 통합적으로 분석하고, 상황에 맞게 대응할 수 있는 유기적 커뮤니케이션 시스템을 갖춰야 함을 의미한다. 이 과정에서 AI와 데이터 기술은 소비자 반응을 실시간으로 감지하고 맞춤형 전략을 실행하는 핵심 수단으로 작용한다.

AI가 재구성하는 고객 여정

AI는 복잡해진 고객 여정을 실시간으로 감지하고 재구성하는 기술적 조력자로 부상하고 있다. 알고리즘은 소비자의 디지털 활동 데이터를 바탕으로 개별 여정을 실시간으로 추적하고, 예측하며, 최적의 타이밍에 적절한 메시지를 자동으로 전달하는 방식으로 개입한다. 이를 통해 브랜드는 소비자의 행동을 선제적으로 파악하고, 맞춤형 메시지를 전달하여 고객 만족도와 충성도를 높이고 있다. 가령 글로벌 커피 체인 브랜드 스타벅스(Starbucks)는 AI 시스템인 '딥 브루(Deep Brew)'를 도입하여 고객의 구매 이력과 선호도를 분석하고, 이를 기반으로 개인화된 음료 추천과 프로모션을 제공한다. 이러한 AI 기반의 개인화 전략은 고객 경험을 고도화하는 동시에 마케팅과 운영의 경계를 넘나드는 통합적 기술 인프라로 작용하며 재고 관리와 인력 배치의 효율성까지 함께 개선하고 있다. 나아가 소비자 접점에서 축적된 데이터를 기반으로 고객 여정 전반을 정밀하게 파악하고 능동적으로 개입할 수 있는 환경이 마련되고 있다.

디지털 시대의 고객 여정은 더 이상 단순한 행동 흐름의 시각화에 머물지 않는다. 현대 소비자는 광고를 통해 브랜드를 인지하고, 소셜 미디어에서 제품을 탐색하며,

장바구니에 담았다가 이탈하거나, 일정 시점에 다시 구매를 고려하는 등 비선형적이고 반복적인 상호 작용 패턴을 보인다(Verhoef et al., 2021). 이처럼 복잡하고 유동적인 여정 속에서 AI는 방대한 소비자 데이터를 통합적으로 분석하고, 실시간으로 여정의 흐름을 예측·조율하는 전략적 도구로 활용되고 있다. 예컨대 AI는 고객이 특정 제품을 검색한 뒤 구매하지 않고 이탈한 행동을 분석하여, 해당 고객이 재관심을 보일 가능성이 높은 시점을 예측하고, 맞춤형 리마인드 메시지나 제품 리뷰 콘텐츠를 노출하는 방식으로 개입을 설계한다. 실제로 온라인 쇼핑 환경에서 고객이 장바구니에 상품을 담은 뒤 구매하지 않고 이탈하는 행동을 예측하기 위해 머신 러닝 기법인 그레이디언트 부스팅(gradient boosting, 약한 예측 모델을 순차적으로 결합해 예측 성능을 높이는 방식)을 활용한 연구에 따르면, 정확도(precision)와 재현율(recall)의 균형을 나타내는 F1(F1 score) 점수가 0.86(86%)으로 나타나 높은 예측 성능을 보였다. 이는 이탈 가능성이 높은 고객을 효과적으로 식별할 수 있음을 시사한다(Rausch et al., 2022). 이러한 접근을 통해 마케팅 커뮤니케이션은 반복적 메시지 중심에서 벗어나 고객 여정의 맥락에 맞춘 정교한 전략 개입으로 전환되고 있다.

채터지 외(Chatterjee et al., 2021)의 연구는 이러한 AI 기반 접근이 B2B(Business-to-Business, 기업 간 거래를 중심으로 한 산업 간 시장) 환경에서 특히 높은 효과로 작동함을 실증적으로 보여 준다. AI는 고객사의 구매 주기, 이탈 위험, 상호 작용 이력 등을 지속적으로 학습하며, 이를 기반으로 개인화된 대응과 선제적 관리 전략을 구현한다. 이러한 방식은 기존의 CRM(고객 관계 관리 시스템)의 한계를 보완하며, 고객 여정 전체를 정밀하게 설계하는 마케팅 커뮤니케이션 전략으로의 확장을 가능하게 한다. 결과적으로 AI는 B2B 마케팅에서 관계 중심의 단순 관리에서 나아가 실시간 예측과 개인화된 대응을 통해 커뮤니케이션 전략의 정밀성과 실행력을 높이고 있다.

궁극적으로 AI는 고객을 일률적으로 분류하고 대응하던 기존 방식에서 벗어나, 각 소비자의 여정 속도와 관심도에 맞춰 정밀하게 조율된 경로(personalized path)를 실시간으로 제시하는 능동적인 조력자로 작동한다. 이러한 진화는 브랜드가 고객 여정의 전반에 걸쳐 적시에 개입하고 함께 설계하는 존재로 자리매김하게 하며, 마케팅의 시점과 방식 자체를 혁신하는 전략적 변곡점이

되고 있다.

고객 여정 기반 AI 전략 사례와 시사점

AI 기반 고객 여정 전략은 단순히 자동화 기능을 구현하는 수준을 넘어, 고객의 상황과 반응을 실시간으로 감지하고 이에 맞춰 경로를 정교하게 조정하는 방향으로 발전하고 있다. 특히 선도적인 글로벌 브랜드들은 AI를 마케팅 도구가 아니라, 고객 행동의 예측자이자 여정 설계자로 활용하며 경쟁력을 강화한다. 대표적으로 미국 전자 상거래 기업 아마존(Amazon)은 고객의 클릭, 검색, 장바구니 추가 및 이탈 등 디지털 행위의 세부 데이터를 분석하여 구매 가능성이 높은 시점을 예측하고, 이를 기반으로 맞춤형 추천과 예측 배송(predictive shipping) 시스템을 운영하고 있다. 이는 고객이 인지하기 전에 한 발 앞서 제안함으로써 구매 여정을 단축하는 전략으로, 소비자의 다음 행동을 브랜드가 기다리는 것이 아니라 먼저 예측하고 능동적으로 제시하는 방식으로 변화한 사례다.

국내에서도 AI 기반 여정 전략은 점차 고도화되고 있다. 카카오뱅크와 신한은행은 생성형 AI와 예측 분석 기술을 도입하여 챗봇 시스템을 개선했다. 고객이 입력한 문의나 행동의 흐름을 분석해, AI가 선제적으로 의도를 파악하고 관련 정보를 자동 제공함으로써, 여정의 마찰을 최소화한다. 이는 금융 산업의 특성상 복잡한 절차와 다단계 선택이 필요한 환경에서, 고객 피로도를 줄이고 이탈률을 낮추는 전략적 효과를 거두고 있다. 이러한 사례들의 공통점은 '여정 이후의 반응'이 아닌 '여정 중간의 개입'을 목표로 한다는 점이다. 고객 행동을 실시간으로 읽고, 의미 있는 접점에서 정서적 또는 기능적으로 개입함으로써 지속적 연결과 몰입을 유도하는 것이다.

AI는 더 이상 마케터가 설계한 경로를 따라 메시지를 전달하는 단순한 자동화 수단이 아니다. 이제는 각 고객의 여정을 동적으로 분석하고, 최적의 흐름을 실시간으로 설계하는 전략적 기술로 작동하고 있다. 궁극적으로 고객 여정 기반의 AI 전략은 브랜드와 소비자 간 커뮤니케이션을 일방적인 메시지 전달 방식에서, 소비자의 상황과 맥락에 따라 유동적으로 반응하고 조율하는 방식으로 바꾸고 있다. AI 기반 고객 여정 전략은 고객의 상태와 요구를 실시간으로 파악하고 예측함으로써, 브랜드와 소비자의 상호 작용을 능동적으로 설계하는 경험 중심의 구조로 진화하고 있다. 이는 마케팅 영역에서 고객 참여의 의미와 타이밍, 그리고 브랜드의 역할 변화는 고객 여정 전반을 함께 설계하는 방향으로 전환되고 있음을 보여 준다. 이러한 변화는 마케팅 커뮤니케이션을 단순한 설득의 수단에서 고객 경험의 흐름을 정교하게 설계하는 전략적 기능으로 확장한다. 나아가 고객 여정은 브랜드 경쟁력을 구성하는 핵심 자산으로 인식되며, 앞으로의 과제는 기술적 정밀성을 바탕으로 브랜드가 언제 어떤 맥락에서 개입할지 전략적으로 판단하는 통찰을 함께 갖추는 데 있다.

참고문헌

Araujo, C., et al.(2022). Artificial Intelligence in the Digital Customer Journey. *International Journal of Electronic Customer Relationship Management, 13*(3), pp.248~271.

Baxendale, S., et al.(2015). The Impact of Different Touchpoints on Brand Consideration. *Journal of Retailing, 91*(2), pp.235~253.

Chatterjee, S., et al.(2021). The Effect of AI-Based CRM on Organization Performance and Competitive Advantage: An Empirical Analysis in the B2B Context. *Industrial Marketing Management, 97*, pp.205~219.

Lemon, K. N. & Verhoef, P. C.(2016). Understanding Customer Experience Throughout the Customer Journey. *Journal of Marketing, 80*(6), pp.69~96.

Pauwels, K., et al.(2016). Like the ad or the brand? Marketing stimulates different electronic word-of-mouth content to drive online and offline performance. *International Journal of Research in Marketing, 33*(3), pp.639~655.

Rausch, T. M., et al.(2022). Predicting online shopping cart abandonment with machine learning approaches. *International Journal of Market Research, 64*(1), pp.89~112.

Verhoef, P. C., et al.(2021). Digital Transformation: A Multidisciplinary Reflection and Research Agenda. *Journal of Business Research, 122*, pp.889~901.

06
실시간 인터랙션과 소비자 경험 디자인

실시간 인터랙션은 소비자 경험을 설계하는 데 중심 요소로 부상하고 있다. 기술의 진화는 브랜드가 즉각적인 반응과 상황 맞춤형 피드백을 구현할 수 있는 환경을 조성하며, 소비자와의 상호 작용을 더욱 몰입감 있게 만든다. 이는 소비자 경험을 유연하게 조율된 참여형 경험으로 전환한다. 실시간 인터랙션 기반의 커뮤니케이션은 소비자의 기대에 능동적으로 반응하며 브랜드에 대한 신뢰와 감정적 연대를 형성하는 중요한 기반이 되고 있다.

AI와 야구?

실시간 인터랙션과 소비자 경험 설계

디지털 환경의 변화에 따라 마케팅 커뮤니케이션 전략은 점차 실시간 상호 작용에 더 큰 비중을 두고 있다. 이는 모바일 디바이스의 보편화, 소셜 미디어의 실시간 피드백 시스템, 라이브 스트리밍 플랫폼과 같은 기술 환경의 발전에 따른 필연적 변화다. 소비자는 즉각적인 반응과 상호 작용(interactivity), 개인화된 맞춤 경험을 당연하게 기대하며, 브랜드와의 소통에서도 실시간적 요소를 핵심 가치로 인식한다. 이는 단순한 소비자의 기대 수준 변화가 아니라 정보 처리 과정, 주의력 집중, 감정 몰입, 의사 결정 등 소비자 행동 전반을 재구성하는 패러다임의 전환을 의미한다(Liu & Shrum, 2002; Steuer, 1995).

특히 실시간 인터랙션은 브랜드와 소비자 간 관계를 정서적으로 연결하는 감각적 동기화 장치로 작동한다. 이 과정에서 생성되는 심리적 동시성(psychological synchrony)은 소비자들이 브랜드 메시지와 경험에 몰입하도록 촉진하며, 브랜드 인지와 긍정적 태도 형성에 결정적 역할을 한다(Hasson et al., 2012). 넷플릭스의 인터랙티브 콘텐츠 〈블랙미러: 밴더스내치〉는 실시간 인터랙션을 통해 소비자의 적극적인 참여를 유도하고 콘텐츠 몰입도와 통제감을 높인다는 점에서 주목할 만하다. 이는 파인과 길모어(Pine & Gilmore, 2011)가 제시한 몰입적 경험의 중요성과 맞닿아 있으며, 소비자가 콘텐츠를 단순히 소비하는 존재가 아니라 경험을 공동 설계하는 주체로 전환되고 있음을 보여 준다.

이러한 실시간 인터랙션의 특성은 마케팅 커뮤니케이션 전략에서 차별화된 소비자 경험을 창출하는 핵심 기준으로 자리 잡고 있다. 단지 콘텐츠를 신속하게 전달하는 것을 넘어 소비자 개개인의 실시간 참여를 기반으로 한 몰입과 감정적 연결을 촉진함으로써 브랜드와 소비자 간 관계의 질을 높이고 있다. 따라서 브랜드는 소비자의 행동과 정서를 실시간으로 이해하고 반응하는 정교한 커뮤니케이션 전략을 구축하는 것이 필수적이다. 이를 통해 소비자의 브랜드에 대한 신뢰와 장기적 충성도를 형성하는 전략적 우위를 확보할 수 있다.

결과적으로 실시간 인터랙션 중심의 소비자 경험 설계는 기술 활용의 차원을 넘어 소비자와 브랜드 간 관계 형성을 주도적으로 관리하는 전략적 접근으로 발전하고 있다. 이는 단기적인 주의력 확보를 넘어 브랜드와 소비자 간 장기적 관계 구축과 감정적 연결을 이끄는 효과적 수단으로 작용하고 있다. 따라서 마케팅 커뮤니케이션 전략은 소비자의 실시간 행동과 반응 데이터를 기반으로, 참여와 몰입을 유도하는 정교한 소비자 경험 설계로 지속적으로 진화해 나가야 한다. 이러한 방향은 브랜드 가치를 보다 효과적으로 전달하는 데 기여할 수 있다.

AI가 만든 반응형 커뮤니케이션 구조

실시간 인터랙션의 본질적 잠재력은 AI, 특히 생성형 AI와 감정 인식 기술의 개입을 통해 극대화된다. 과거의 인터랙션이 사전 설계된 루틴이나 고정된 메시지 응답에 머물렀다면, 이제 AI는 소비자의 발화 패턴, 언어 스타일, 감정 상태를 실시간으로 분석해 반응을 조율하는 진화된 커뮤니케이션 구조를 형성하고 있다. 예컨대 최신 GPT 기반 챗봇은 단순히 질문에 응답하는 수준을 넘어서 대화의 흐름을 이해하고 사용자 감정이나 상황 맥락에 맞는 언어를 생성할 수 있다. 이는 브랜드가 이러한 AI 기술을 활용함으로써 일방적 메시지 전달자가 아닌 실시간 감성적 상호 작용의 주체로 변화하고 있음을 보여 준다. 결과적으로 챗봇은 브랜드의 목소리를 인간적인 대화 형태로 구현하는 창구가 되며, 고객 경험의 핵심 접점으로 기능하게 된다.

AI가 결합된 실시간 인터랙션은 사용자 경험의 흐름

을 유동적이고 개방적인 구조로 재편하였다. 기존의 UX(User Experience, 사용자 경험) 설계 방식은 사용자가 브랜드가 미리 정해 놓은 고정된 시나리오를 따라가는 일방적 구조였으나, AI 기반 인터페이스는 사용자의 질문, 선택, 반응은 물론, 정서 상태와 맥락적 신호에 따라 실시간으로 경로를 동적으로 변경할 수 있다(Rai, 2020). 예를 들어 AI 챗봇은 사용자의 과거 대화 기록뿐만 아니라 실시간 텍스트 감정 분석(sentiment analysis)을 수행하여, 사용자와의 상호 작용 중 감정 상태를 즉시 파악하고 이에 따라 메시지의 톤과 내용을 실시간으로 조정한다(Gnewuch et al., 2017). 이러한 AI 기반의 열린 구조 커뮤니케이션은 사용자가 경험의 주체로서 더욱 강력한 통제감을 느끼게 하며, 브랜드는 이 과정에서 역동적이고 맞춤형인 대응을 통해 즉각적으로 사용자 참여를 강화할 수 있다. 특히 AI가 제공하는 감정 기반 추천(emotion-based recommendation), 개인화된 실시간 피드백(adaptive real-time feedback), 그리고 맥락 인식(context-aware) 메시징 등은 사용자와 브랜드 간의 소통 방식을 단순 정보 전달에서 정교한 감성적 연결로 진화시킨다(Belanche et al., 2021).

결과적으로 AI는 감정과 맥락을 인식하고 이에 적합

한 반응을 설계하는 지능형 인터페이스로 진화하고 있다. 이러한 변화는 실시간 커뮤니케이션을 단순한 반응 속도 경쟁이 아닌, 인지적 몰입과 정서적 연결을 유도하는 정교한 경험 설계로 전환한다. 실시간 인터랙션은 브랜드가 소비자의 심리적 공간 안에서 동 시간대에 함께 존재하는 존재로 자리매김하게 하며, 이는 궁극적으로 브랜드 충성도, 감정적 유대, 전환 행동에까지 영향을 미친다. AI 기반 커뮤니케이션은 사용자의 맥락에 따라 유연하게 반응하며 상호 작용 흐름을 능동적으로 조율하는 시스템으로 진화하고 있다. 이처럼 커뮤니케이션은 사전에 정의된 경로를 따르기보다, 사용자의 선택과 감정, 반응에 따라 역동적으로 구성되는 경험 설계의 과정으로 전환되고 있다.

인터랙티브 경험 디자인의 전략과 사례

실시간 인터랙션이 강력한 도구가 되기 위해서는 단순한 기술 구현을 넘어서, 브랜드가 소비자의 경험 전체를 어떻게 설계할 것인가에 대한 전략적 사고가 필요하다. 우선 중요한 요소는 타이밍이다. 실시간 반응이라 해도 너무 빠르거나 기계적으로 보일 경우 오히려 이용자의 거부감을 유발할 수 있다. 반대로 느리거나 무성의한 반응은 참여를 저해한다. 브랜드는 기술적 속도가 아닌, 고객의 기대와 감정 흐름에 맞춘 응답 타이밍을 설계해야 한다. 예를 들어 블록 장난감 기업 레고(LEGO)는 챗봇 '랠프(Ralph)'를 통해 시즌별 소비자 구매 행동을 분석하고, 타깃의 쇼핑 성향과 시간대에 맞춰 제품 추천 대화를 설계했다. 예컨대 주말 저녁에 접속한 소비자에게는 어린이 선물 관련 제품을 중심으로 대화를 시작하며, 이 타이밍은 부모가 가족 선물을 고려하는 시간과 심리 흐름에 맞춰 전략적으로 설정된 것이다.

또한 피드백 방식의 다채로움도 핵심이다. 텍스트, 음성, 이모티콘, 영상 등 다양한 피드백 수단이 조화롭게 활용될 때, 사용자는 감각적으로 경험을 인식하고 몰입하게 된다. 실제 사례를 보면 나이키(Nike)는 AI 챗봇을 활용한 맞춤형 피트니스 코칭 서비스를 제공하며 소비자의 운동 데이터를 기반으로 실시간 피드백을 전달한다. 특히 이 사례는 소비자의 라이프스타일 데이터를 기반으로 한 실시간 맞춤 피드백을 통해, 제품 중심의 커뮤니케이션을 서비스 중심의 경험 설계로 확장했다는 점에서 주목할 만하다. 이는 해당 브랜드가 단순히 운동 용품을 판매만 하는 곳이 아니라 소비자의 일상 속 건강한 루틴을 함께 설계하고 관리하는 생활 동반자적 존재로 자리매김하도록 돕는다. 결과적으로 챗봇을 활용한 실시간 인터랙션은 브랜드의 유용성과 감정적 친밀감을 동시에 강화하며, 이는 장기적인 브랜드 관계 형성과 고객 생애 가치 확대라는 실무 측면에서 전략적 의미를 갖는다.

또한, 라이브 커머스 플랫폼은 인터랙티브 경험 디자인의 대표적인 구현 사례로 간주된다. 네이버 쇼핑라이브, 쿠팡 라이브, 아마존 라이브(Amazon Live), 틱톡 숍(TikTok Shop) 등의 실시간 댓글, 상품 추천, 가격 변동과 같은 요소들은 단순한 기술 기능을 넘어서, 소비자와 판매자 간의 상호 반응성과 참여 중심의 경험 구조를 설계하는 핵심 장치로 작동한다. 이러한 설계는 소비자가 콘텐츠를 수동적으로 소비하는 것이 아니라, 실시간 피드백과 대화에 참여함으로써 쇼핑 경험 자체를 공동 구성하는 능동적 사용자로 전환되도록 유도한다. 다시 말해, 라이브 커머스는 구매라는 목적을 중심에 두되, 그 과정 전반을 인터랙션 기반의 몰입형 경험으로 재구성함으로써, 감정적 개입과 구매 전환 간의 연결을 강화하는 사용자 중심 설계의 실천적 사례로 볼 수 있다.

더욱이 알렉사(Alexa), 누구(NUGU)와 같은 음성 기반 AI 서비스는 인터랙티브 경험 디자인의 진화된 형태를 보여 준다. 이들 서비스는 단순히 사용자 명령에 반응하는 기능적 인터페이스를 넘어, 사용자의 맥락을 이해하고 선제적으로 정보를 제공하며, 연속적인 대화를 설계함으로써 상호 작용의 흐름을 능동적으로 주도하는 경험 구조를 구현하고 있다. 이러한 설계는 사용자가 요청하지 않아도 상황에 맞는 콘텐츠나 서비스를 자연스럽게 제공받도록 함으로써, 의도를 예측하고 응답하는 친화적 인터랙션을 가능하게 한다. 결국 음성 AI는 인터페이스가 아닌 일상 속 상호 작용 파트너로 자리매김하며, 이는 사용자 경험을 보다 자연스럽고 인간 중심적으로 구성하려는 인터랙티브 디자인 전략의 핵심 방향성과 맞닿아 있다.

이러한 사례들은 모두 실시간 인터랙션 전략이 단지 응답의 문제가 아니라, 경험 전체를 어떻게 설계하고 조율할 것인가의 문제임을 나타낸다. 결과적으로 인터랙션 중심 커뮤니케이션은 브랜드가 소비자와 정보를 주고받는 관계를 넘어서, 경험을 함께 만들어 가는 관계로 진화하고 있음을 보여 준다.

참고문헌

Belanche, D., et al.(2021). Frontline robots in tourism and

hospitality: service enhancement or cost reduction?. *Electronic Markets, 31*(3), pp.477~492.

Gnewuch, U., et al.(2017). Towards Designing Cooperative and Social Conversational Agents for Customer Service. ICIS, pp.1~13.

Hasson, U., et al.(2012). Brain-to-Brain Coupling: A Mechanism for Creating and Sharing a Social World. *Trends in Cognitive Sciences, 16*(2), pp.114~121.

Liu, Y. & Shrum, L. J.(2002). What is interactivity and is it always such a good thing? Implications of definition, person, and situation for the influence of interactivity on advertising effectiveness. *Journal of Advertising, 31*(4), pp.53~64.

Pine, B. J., & Gilmore, J. H.(2011). *The experience economy.* Harvard Business Press.

Rai, A.(2020). Explainable AI: From Black Box to Glass Box. *Journal of the Academy of Marketing Science, 48*, pp.137~141.

Steuer, J., et al.(1995). Defining Virtual Reality: Dimensions Determining Telepresence. *Communication in the Age of Virtual Reality*, pp.37~39.

07
몰입과 인터랙션의 뉴미디어 전략

오늘날 마케팅 커뮤니케이션은 감각적 몰입과 정서적 연결을 토대로 구축하는 방향으로 진화하고 있다. 메타버스, VR, AR 등 몰입형 기술은 사용자가 브랜드 경험에 능동적으로 참여하도록 유도하며, 콘텐츠 소비를 넘은 감정 기반의 상호 작용을 가능케 한다. 이러한 흐름 속에서 인터랙티브 미디어는 사용자의 선택과 반응에 따라 유연하게 전개되는 경험을 설계하며, 커뮤니케이션의 질적 전환을 이끌고 있다.

AI와 윤동주?

몰입형 커뮤니케이션의 전환

정보만으로는 더 이상 소비자의 마음을 움직일 수 없는 시대, 커뮤니케이션은 경험과 몰입을 중시하는 방향으로 나아가고 있다. 과거 마케팅 커뮤니케이션은 메시지를 효율적으로 전달하는 것이 목적이었지만, 최근 브랜드는 소비자와의 정서적 연결을 구축하기 위해 사용자가 메시지를 직접 경험하고 참여할 수 있는 인터랙티브 환경을 적극적으로 조성하고 있다. 메타버스(Metaverse), 가상 현실(VR), 혼합 현실(MR), 그리고 3D 웹 등의 몰입형 기술(immersive technologies)은 사용자에게 콘텐츠 내부로 직접 진입을 가능하게 하며, 기존의 시각과 청각 중심에서 더 나아가 촉각, 움직임, 공간적 감각까지 통합하여 경험의 몰입도를 극대화한다(Flavian et al., 2019). 이는 단순히 강렬한 감각적 자극을 주는 것을 넘어서 브랜드와 사용자가 정서적 공감과 애착을 형성하는 데 매우 효과적인 전략으로 부상하였다(Holbrook & Hirschman, 1982; Schmitt, 1999). 특히 모바일 애플리케이션에서 이러한 감성적 경험 디자인(emotional experience design)은 다중 감각(multisensory), 스토리텔링(storytelling), 증강 현실(augmented reality, AR), 인터랙션 디자인(interaction design)의 요소가 결합하여 소비자의 의사 결정과 브랜드 만족도를 높이는 핵심적 역할을 한다(Goh & Ping, 2014).

이러한 커뮤니케이션 전략의 대표적 사례로 나이키(Nike)의 고객 참여형 맞춤 마케팅 캠페인을 들 수 있다. 나이키는 홈페이지에서 소비자가 직접 신발의 색상, 로고 위치, 신발 끈의 스타일 등을 자유롭게 선택하고 개인의 아이디(ID)나 메시지를 삽입하여 주문할 수 있도록 했다. 이는 고객이 단순히 제품을 구매하는 것을 넘어서, 브랜드와 개인적이고 감정적 연결을 형성하는 직접적인 참여 경험을 제공하는 대표적 사례로 평가받는다. 미국의 IT 제조 기업 애플(Apple)의 컴퓨터 아이맥(iMac)은 기술과 감성적 브랜드 커뮤니케이션의 결합을 통해 컬트적(cult) 지지를 받고 있다. 스티브 잡스의 철학과 아이맥의 감각적 디자인은 단순한 제품 사용 이상의 감정적 애착을 형성하여 사용자 충성도를 높이는 성공적 전략 사례로 꼽힌다(Muniz & O'Guinn, 2001). 최근에는 메타(Meta, 구 페이스북)가 VR 기반의 '호라이즌 월드(Horizon Worlds)' 플랫폼을 통해 소비자들이 가상 공간에서 브랜드와 실시간으로 소통하며 콘텐츠에 참여하고 체험할 수 있도록 하는 새로운 브랜드 경험 모델을 구축했다(Dwivedi et al., 2022). 이처럼 디지털 기술의 발전은 브랜드 커뮤니케이션의 전략적 중심을 단순 메시지 전달에서 소비자와의 감성적, 정서적 연결을 유도하는 감각적 경험 중심으로 빠르게 전환하고 있으며, 브랜드는 이에 따라 소비자의 감성적 참여와 몰입도를 최적화하는 정교한 디자인과 커뮤니케이션 전략을 적극적으로 모색하고 있다.

몰입형 커뮤니케이션은 시각적 · 청각적 자극의 단계를 확장해, 사용자가 브랜드의 세계 안에 존재한다고 느끼게 만드는 정서적 몰입 상태를 지향한다. 아포스톨로풀로스 외는 몰입형 커뮤니케이션을 "원격 환경에서 자연스러운 사회적 신호를 교환하고, '그곳에 있는 듯한' 존재감을 느끼게 하는 커뮤니케이션 방식"으로 정의하며, 이는 사용자가 물리적으로 다른 장소에 있으면서도 그 환경에 몰입하게 만드는 경험을 의미한다(Apostolopoulos et al, 2012). 또한 아그라왈 외는 몰입을 "개인이 깊은 정신적 몰입 상태에 있어, 인지적 과정이 주의를 전환시켜 물리적 세계에 대한 인식을 분리하는 현상"으로 설명하며, 이는 몰입이 단순한 기술적 특성이 아니라 사용자의 심리적 상태임을 강조한다(Agrawal et al., 2019).

이와 같은 몰입 경험은 소비자의 인지와 행동에 실질

적인 영향을 미치는 것으로 나타났다. 우 외(Wu et al., 2025)의 연구에 따르면, 몰입형 미디어는 전통적인 마케팅 콘텐츠에 비해 브랜드 태도와 제품 기억, 구매 의도에서 유의미한 향상 효과를 보였다. 특히 증강 현실(AR)과 가상 현실(VR)을 비교한 결과, AR은 현실성과 상호 작용성, VR은 몰입감과 감정 반응에서 강점을 보이며 각각 다른 방식으로 소비자 반응을 유도하는 것으로 나타났다. 이 연구는 몰입형 미디어가 단순한 기술적 시도에 머무르지 않고, 브랜드 메시지 수용과 구매 전환을 연결하는 감정 기반 경로를 설계할 수 있는 도구임을 실증적으로 입증한다. 사용자는 몰입적 환경 속에서 브랜드와 상호 작용하며, 그 경험을 기억 가능한 감정 자극으로 인식하게 되고, 이는 결과적으로 브랜드 충성도 형성과 반복적 참여 행동에도 영향을 미친다. 이러한 몰입형 미디어 환경은 사용자가 콘텐츠의 흐름에 스스로 접속하고, 그 안에서 정체성을 느끼며 감정적으로 반응하도록 유도한다. 이로써 현대 커뮤니케이션은 콘텐츠를 수동적으로 소비하던 사용자 중심의 방식에서, 사용자가 경험 설계에 능동적으로 참여하는 상호 작용적 구조로 변화하고 있다.

이러한 관점에서 몰입형 커뮤니케이션은 사용자가 브

랜드와의 상호 작용 과정에서 능동적으로 반응하고, 콘텐츠의 맥락 안에서 자신의 역할을 자각하도록 설계된다. 이 방식은 사용자 주도의 의미 있는 활동으로 변화시키며 커뮤니케이션의 질적 깊이를 확장하는 전략으로 활용된다.

인터랙티브 미디어의 구조

몰입형 미디어의 핵심은 '인터랙션'에 있다. 전통적인 미디어가 고정된 내러티브 흐름을 수용자에게 일방적으로 전달했다면, 인터랙티브 미디어는 사용자의 선택, 반응, 상황적 요소에 따라 콘텐츠의 전개가 달라지는 비선형 구조를 지닌다. 이러한 열린 구조는 사용자를 단순한 수용자(passive receiver)가 아닌, 의미 형성과 전개의 주체로 재위치시킨다(Jenkins, 2006). 사용자는 콘텐츠를 소비하는 동시에 그 전개에 영향을 미치며 결과적으로는 공동 제작자로 기능하게 된다.

최근에는 생성형 AI의 개입으로 이 인터랙션 구조가 더욱 유연하고 정교해졌다. AI는 사용자의 언어 스타일, 감정 상태, 반응 속도, 위치나 행동 데이터를 실시간으로 분석하고 이에 기반해 콘텐츠의 흐름이나 표현을 동적으로 조정할 수 있다(Lombard & Ditton, 1997). 예컨대 인터랙티브 영상 플랫폼에서는 사용자의 감정 상태에 따라 다음 장면을 다르게 구성하거나, AI가 대화형 내러티브를 즉석에서 생성해 몰입감을 높이는 시도가 이어지고 있다. 이는 콘텐츠의 몰입 흐름을 방해하지 않으면서도, 사용자에게 '맞춤형 이야기 경험'을 제공하는 새로운 미디어 환경을 가능케 한다. 이처럼 인터랙티브 미디어는 생성형 AI와 결합함으로써 사용자의 참여와 반응에 기반한 역동적인 커뮤니케이션 구조를 실현한다. 이는 몰입, 정서적 연결, 자기 결정감과 같은 심리적 요소와도 밀접하게 연관된다(Ryan & Deci, 2000).

결과적으로 인터랙션은 기술적 선택의 문제가 아니라, 사용자 경험의 질을 좌우하는 핵심 설계 요소로 자리매김하고 있다. 반응형 내러티브, 감정 기반 응답, 맞춤형 콘텐츠 전개가 가능한 것은 이러한 기술적 진화 덕분이다. 이처럼 인터랙션을 통해 브랜드가 소비자에게 정보를 주는 구조가 아니라, 소비자와 함께 경험을 만드는 구조로 전환하고 있다. 이는 브랜드 정체성의 해석 또한 사용자의 경험 속에서 유동적으로 형성된다는 것을 의미한다. 이러한 구조에서 브랜드의 메시지는 고정된 하나의 의미로 존재하지 않는다. 오히려 소비자는 실시간 상호 작용을 통해 브랜드 메시지를 자신의 맥락에 맞게 재구성하며, 경험의 공동 창작자로 참여하게 된다.

예컨대 인터랙티브 영상 콘텐츠나 AI 기반 챗봇 경험은 사용자마다 서로 다른 감정적 흐름과 의미 맥락을 생성하며, 브랜드는 그 안에서 다층적인 정체성과 관계를 유연하게 조율해야 한다. 예를 들어 스웨덴 가구 브랜드 이케아(IKEA)의 '인터랙티브 룸 플래너(Interactive Room Planner)'는 사용자가 직접 공간을 설계하고 가구를 배치해 보며 브랜드 제품과의 몰입형 상호 작용을 경험할 수 있도록 한다. 이케아의 인터랙티브 룸 플래너는 단순히 제품 정보를 전달하는 도구를 넘어, 사용자가 능동적으로 참여하여 브랜드 세계를 직접 구성하게 하는 미디어 환경을 구현한다. 이는 인터랙티브 미디어가 정보를 일방적으로 제공하는 매개체가 아니라, 사용자가 목적을 함께 생성해 가는 참여형 설계 공간임을 보여 준다. 나아가 브랜드는 콘텐츠와 정체성을 고정된 메시지로 전달하기보다는 개별 사용자에 따라 달라지는 감정의 흐름과 해석의 층위를 수용할 수 있는 개방적이고 유연한 미디어 구조를 지향해야 한다는 시사점을 제공한다. 이처럼 몰입형 커뮤니케이션은 브랜드 경험의 고정성을 해체하고, 개인화된 서사와 감정의 흐름 속에서 의미가 생성되는 열린 플랫폼으로 진화하고 있다.

몰입 경험의 설계

몰입형 커뮤니케이션의 본질은 기술이 아니라 설계에 있다. 무엇을 보여 줄 것인가보다 무엇을 느끼게 할 것인가를 먼저 물어야 한다. 브랜드는 감각적 자극을 넘어서, 정서적 반응과 기억에 남는 순간을 중심으로 경험을 설계해야 한다. 몰입은 사용자 안에서 일어나는 감정의 파장이고 브랜드는 그 감정의 리듬을 디자인하는 존재가 되어야 한다.

이를 위해서는 기술보다 콘텐츠의 구조와 흐름, 상호작용의 시점과 방식, 감정적 피드백의 타이밍을 고려한 전략적 설계가 요구된다. 몰입의 깊이는 상호 작용의 타이밍에 따라 크게 달라지는데, 사용자의 행동에 대한 피드백이 얼마나 즉각적이며 의미 있는가에 따라 참여의 지속성과 몰입감이 결정된다. UX 디자인 이론에서 제시하는 마이크로 인터랙션(micro-interaction)은 이러한 감각적 리듬을 조율하는 전략으로 활용된다(Saffer, 2013). 몰입을 유지하기 위해서는 경험의 난이도와 자극 수준을 단계적으로 조절하는 것도 중요하다. 초기에는 가벼운 참여를 유도하고, 점차 난이도와 도전 과제를 부여하며 사용자가 자발적으로 몰입 상태를 반복하도록 설계해야 한다. 따라서 브랜드는 몰입의 강약을 조절하고, 참여의 흐름을 자연스럽게 이끌며, 단절 없는 경험을 통해 정체성과 메시지를 전달해야 한다.

생성형 AI는 이러한 설계를 실시간으로 조율할 수 있는 도구로 기능한다. AI는 반응을 예측하고, 경험의 밀도를 제어하며, 각 사용자에게 맞는 몰입 흐름을 연출한다. 브랜드는 이러한 AI 기술을 바탕으로 사용자 한 사람 한 사람과의 감각적 교감을 한층 정교하게 조정할 수 있게 되었고, 이는 마케팅 커뮤니케이션이 감각적 세계관을 설계하는 새로운 차원으로 나아가고 있음을 보여 준다.

참고문헌

Agrawal, S., et al.(2019). Defining Immersion: Literature Review and Implications for Research on Immersive Audiovisual Experiences. *Journal of Audio Engineering Society, 68*(6), pp.404~417.

Apostolopoulos, J. G., et al.(2012). The Road to Immersive Communication. *Proceedings of the IEEE, 100*(4), pp.974~990.

Dwivedi, Y. K., et al.(2022). Metaverse Beyond the Hype: Multidisciplinary Perspectives on Emerging Challenges, Opportunities, and Agenda for Research, Practice and Policy. *International Journal of Information Management, 66*, 102542.

Flavian, C., et al.(2019). The Impact of Virtual, Augmented and Mixed Reality Technologies on the Customer Experience. *Journal of Business Research, 100,* pp.547~560.

Goh, K. Y. & Ping, J. W.(2014). Engaging Consumers with Advergames: An Experimental Evaluation of Interactivity, Fit and Expectancy. *Journal of the Association for Information Systems, 15*(7), 2.

Holbrook, M. B. & Hirschman, E. C.(1982). The Experiential Aspects of Consumption: Consumer Fantasies, Feelings, and Fun. *Journal of Consumer Research, 9*(2), pp.132~140.

Jenkins, H.(2006). *Convergence Culture: Where Old and New Media Collide.* New York University Press.

Lombard, M. & Ditton, T.(1997). At the Heart of It All: The Concept of Presence. *Journal of Computer-Mediated Communication, 3*(2), JCMC321.

Muniz Jr., A. M. & O'Guinn, T. C.(2001). Brand Community. *Journal of Consumer Research, 27*(4), pp.412~432.

Ryan, R. M. & Deci, E. L.(2000). Self-Determination Theory and the Facilitation of Intrinsic Motivation, Social Development, and Well-Being. *American Psychologist, 55*(1), pp.68~78.

Saffer, D.(2013). *Microinteractions: designing with details.* O'Reilly Media, Inc.

Schmitt, B.(1999). Experiential Marketing. *Journal of Marketing Management, 15*(1-3), pp.53~67.

Wu, J. F., et al.(2025). The effectiveness of immersive media in promoting consumer Products: Augmented vs. virtual reality. *Journal of Retailing and Consumer Services, 86,* 104323.

08
도시형 미디어 파사드와 브랜드 체험

도시는 이제 브랜드와 소비자가 만나는 커뮤니케이션 무대로 진화하였다. 미디어 파사드는 건축 외벽을 디지털 디스플레이로 활용해 시각적 몰입과 메시지 전달을 결합한 매체로 주목받는다. 최근에는 AI 기술과 결합해 실시간 반응형 콘텐츠와 맞춤형 메시지를 구현하며 지능형 커뮤니케이션 공간으로 확장되고 있다. 브랜드는 이제 '무엇을' 보여 줄지를 넘어 '어디서, 어떻게, 누구에게' 전달할지를 AI와 함께 설계해야 한다.

AI와 한의학?

도시 공간 속 브랜드 커뮤니케이션의 진화

도시는 더 이상 단순한 생활 공간이 아니다. 디지털 기술의 발달과 함께 도시 공간은 브랜드 메시지를 시각적으로 구현하는 커뮤니케이션 무대로 진화하고 있다. 과거에는 도시 중심가의 대형 옥외 광고가 브랜드의 주된 시각 채널이었다면, 이제는 미디어 파사드(Media Facade)라는 형태의 대형 디지털 스크린이 도시의 풍경을 바꾸고 있다. 미디어 파사드는 매체(media)와 건물 전면(facade)의 합성어로, 건축물 외벽에 부착된 대형 스크린을 통해 시각적 메시지를 송출하는 기술이다. 이는 단순한 상업 광고를 넘어 예술적 표현과 몰입형 체험을 결합한 콘텐츠를 구현하며 도시 공간의 커뮤니케이션 방식에 새로운 차원을 부여하고 있다.

대표적인 국내 사례로는 서울역 앞 서울스퀘어 빌딩을 들 수 있다. 약 6만 개의 LED 조명이 외벽을 감싸는 이 공간은 국내외 미디어 아티스트의 작품을 상영하며, 도심 한가운데에서 예술과 브랜드가 공존하는 정서적 접점(emotional touchpoint)을 형성한다. 서울스퀘어는 상업 광고뿐 아니라 공공 캠페인, 문화 콘텐츠도 주기적으로 송출하면서 브랜드 메시지를 문화적 맥락에 녹여 내는 방식을 택하고 있다. 또 다른 사례인 동대문디자인

플라자(DDP)의 '서울 라이트' 프로젝트는 DDP 외벽 전면을 활용해 야간 라이트 쇼를 구현함으로써 브랜드와 시민 간의 공감적 경험을 유도한다. 거대한 곡면 위에 펼쳐지는 대형 라이트 쇼는 단순한 빛의 연출을 넘어 시민들과 브랜드 간 감성적 교류의 장으로 기능하며, 도시를 배경으로 한 공공 예술이 브랜드의 정체성과 결합하는 새로운 커뮤니케이션 방식이 되었다.

이와 같이 미디어 파사드는 도시 속 브랜드 커뮤니케이션을 감각적 체험의 수준으로 확장하며, 기존의 일방향적 정보 전달을 벗어나 참여 기반의 커뮤니케이션 플랫폼으로 진화하고 있다.

이러한 미디어 파사드의 잠재력은 이론적 연구에서도 강조된다. 오넴과 하시르지(Onem & Hasirci, 2020)는 건축물의 외벽, 즉 파사드 자체가 브랜드 경험의 출발점이며, 이는 사용자의 정체성과 감성적 연결 형성에 핵심적으로 작용한다고 강조한다. 특히 미디어 파사드가 도시 공간 내 '브랜드 장소성(place of brand)'을 만들어 낸다는 점에서, 감성적 몰입을 유도하는 핵심적 역할을 한다고 본다. 더불어 바르겐다(Bargenda, 2015)는 은행 기업 사례를 분석하여 공간 조직 방식이 감정적 경험의 깊이에 영향을 미치며, 이는 브랜드의 내면화를 돕는다고 분석한다. 그는 브랜드 커뮤니케이션에서 공간은 단순 배경이 아니라, 감성적 연출의 핵심 도구라고 역설한다.

콘텐츠 구조 측면에서도 미디어 파사드는 내러티브적 가능성을 지닌다. 이유나 외(2013)의 연구에 따르면, 서울스퀘어 등 주요 미디어 파사드에는 이야기, 담론, 시간성, 공간성이 결합된 서사 구조가 콘텐츠 설계에 반영되어 있다. 이는 소비자가 스토리를 직접 체험할 수 있도록 감각적으로 구성된 하나의 메시지 전략으로 이해할 수 있다. 특히 실시간 데이터나 도시 맥락과 연동된 콘텐츠는 도시 전체를 살아 있는 커뮤니케이션 공간으로 확장하는 데 기여하고 있다.

일반적으로 고층 빌딩, 쇼핑몰, 공공 건물에 설치된 미디어 파사드는 도시 환경 속에서 소비자와 브랜드 간 접점을 확장하며 브랜드의 정체성을 공공 공간에 자연스럽게 녹여 낸다. 최근에는 에너지 효율성과 시민 참여를 고려한 사례들이 늘어나며, 미디어 파사드는 지속 가능하고 창의적인 도시 디자인의 핵심 요소로 부상했다. 이러한 도시형 커뮤니케이션은 단순한 정보 전달을 넘어서 소비자와 브랜드 사이의 감정적 연결을 창출하고자 하는 브랜드 전략의 연장선이다. 도시 공간은 브랜드 경험의 플랫폼으로 진화하고 있으며, 이는 AI 시대의 마케팅 커뮤니케이션 전략에도 새로운 방향성을 제시한다.

미디어 파사드의 커뮤니케이션 기능

미디어 파사드는 시각적으로 압도적인 크기와 몰입감 있는 연출을 통해, 도시 공간 속에서 비언어적이고 감성적인 커뮤니케이션을 가능하게 한다. 건축물의 외벽을 디지털 캔버스로 전환하는 이 기술은 정보 전달의 도구를 초월하여 브랜드의 정체성과 가치를 체험하게 하는 다층적 매체로 진화하고 있다. 특히 다음과 같은 세 가지 주요 기능은 미디어 파사드를 단순 디스플레이가 아닌 체험형 미디어로 정의할 수 있게 한다.

첫째, 미디어 파사드는 시의성 있는 메시지를 도시 공간에 시각적으로 투사하며 정보 전달의 매체로 작동한다. 공공 기관이나 브랜드는 미디어 파사드를 통해 사회적 메시지, 캠페인, 이벤트 소식을 효과적으로 전달할 수 있다. 대표적인 사례로 프랑스 파리의 샤틀레 극장(Théâtre du Châtelet)은 외벽에 설치된 LED 미디어 월을 통해 도시 문화 행사 및 사회적 메시지를 시민에게 제공하며 공공 커뮤니케이션의 거점 역할을 하고 있다. 이처럼 도시의 핵심 공간에 설치된 미디어 파사드는 정보의 즉시성과 공간적 접근성을 결합하여 높은 주목도를 유도한다.

둘째, 미디어 파사드는 시청각적 몰입을 유도하며 정서적 체험의 공간을 구성한다. 영상, 빛, 사운드가 결합한 미디어 파사드는 브랜드의 세계관을 시청자에게 '느끼게' 만든다. 예를 들어 카타르 도하에 위치한 뷰 병원(The View Hospital)은 건물 전면을 유리형 미디어 파사드로 감싸, 시간대별로 변화하는 빛과 이미지를 통해 관람객의 감성을 자극한다. 병원과 같은 기능 중심의 공간조차 브랜드 정체성과 정서적 경험을 동시에 전달할 수 있다는 점에서, 감성적 커뮤니케이션의 범위는 점점 확대되고 있다.

셋째, 미디어 파사드는 사용자 참여를 유도하는 상호작용적 커뮤니케이션 플랫폼으로 기능한다. 최근에는 관람객의 움직임, 표정, 위치에 따라 콘텐츠가 변화하는 인터랙티브 파사드가 주목받고 있다. 가령 서울시의 '서울로 미디어캔버스'라 불리는 서울역 고가 도로(서울로 7017) 인근 건물 외벽에 설치된 이 미디어 파사드는 공모를 통해 시민 작품이나 공공 메시지를 상영하며, 시민이 콘텐츠 생산에 직접 참여하는 구조를 지닌다. 특히 특정 시기에는 SNS 해시태그 연동 프로그램이나 실시간 댓글, 인터뷰 클립 등의 참여형 콘텐츠를 운영하여 관람자와 도심 사이의 정서적 연결을 강화해 왔다. 단순한 송수신을 넘어, 공공 공간에서 인터랙션을 유도함으로써 도시를 하나의 열린 커뮤니케이션 장으로 확장한 사례라 할 수 있다. 이러한 양상은 스탈더(Stalder, 2011)의 논의와도 맥을 같이한다. 그는 디지털 미디어가 공공 공간 내 사용자와의 감정적 상호 작용을 유도하며, 이는 참여형 브랜드 경험을 형성하는 데 필수적이라고 주장했다. 실제로 참여 기반의 미디어 파사드는 도시 공간을 감성적 인터페이스로 전환하며, 브랜드와 소비자 사이에 새로운 관계성을 만들어 낸다.

넷째, 미디어 파사드는 공간을 기반으로 브랜드의 의미를 내면화하며 장소 브랜딩의 전략으로 작동한다. 이는 브랜드 커뮤니케이션의 지리적 확장을 가능케 할 뿐 아니라, 도시 공간 자체를 브랜드 정체성을 시각적으로 투영하는 커뮤니케이션 플랫폼으로 전환한다. 브랜드가 특정 장소의 시각적 상징 체계에 개입할 때, 공간은 메시지의 단순한 배경을 넘어 브랜드 세계관이 감각적으로 각인되는 장소로 재구성된다. 도시의 주요 랜드마크나 고층 건물 외벽에 반복적으로 노출되는 콘텐츠는 해당 장소에 정서적 의미를 부여하며, 브랜드와 소비자 간의 장소 기반 관계 형성을 촉진한다. 궁극적으로 미디어 파사드는 물리적 공간이 브랜드 정체성을 체화하는 의미화된 장소로 재구성될 수 있음을 시사한다. 결국 미디어 파사드는 물리적 공간을 감각적 · 정서적 상호 작용의 매개체로 전환하며, 도시 공간을 통해 브랜드의 존재론적 위치를 확립하는 공간 기반 정체성 커뮤니케이션(spatial identity communication)의 핵심 매체로 작동한다고 볼 수 있다.

다섯째, 미디어 파사드는 브랜드의 사회적 · 문화적 의미를 시각적으로 구성하고 확산하는 문화 커뮤니케이션의 매체로 작동한다. 공공적 메시지, 사회적 가치, 지역 정체성 등을 담은 콘텐츠는 도시 공간 안에서 해석과 공감을 유도하며, 브랜드를 단순한 경제 주체가 아닌 문화적 행위자로 재위치시킨다. 이는 브랜드가 사회적 책임과 문화적 감수성을 드러내는 방식이자, 도시 커뮤니케이션의 담론 형성과 문화적 정당성을 확보하는 전략적 수단이 된다. 이 과정에서 브랜드는 단순한 상품 제공자를 넘어 문화적 행위자(cultural agent)로 자리매김하며, 도시 공간 안에서 하나의 입장을 지닌 주체로 해석된다. 파사드에 담긴 메시지는 시민들의 시선 속에서 해석되고, 감정적 반응을 얻으며, 때로는 공유와 재생산을 통해 새로운 담론을 형성한다. 이러한 상호 작용은 브랜드가 사회적 정동(情動, social affect)을 형성하고, 문화적 감수성을 전달하는 매개자로 기능하도록 만든다. 결과적으로 미디어 파사드는 단일 목적의 홍보 매체를 넘어서, 문화적 의미를 매개하는 커뮤니케이션 장치(cultural mediator)로 진화하고 있으며, 이는 도시 내 브랜드의 사회적 정당성과 상징 자본을 강화하는 전략적 기반으로 작용한다.

이처럼 미디어 파사드는 정보성, 감성, 참여성, 정체성, 문화성을 유기적으로 결합하며 도시 공간에서 브랜드 커뮤니케이션의 핵심 축으로 자리매김하고 있다. 결국 미디어 파사드는 도시를 단순한 배경이 아닌 살아 있는 커뮤니케이션 공간으로 재구성한다. 브랜드는 이제 사람들의 이동 동선 위에서 메시지를 전하고, 기술은 그 메시지를 감각적으로 확장하며, 사용자는 그 경험의 일부로 참여한다. 이는 브랜드 커뮤니케이션이 단순한 전달에서 벗어나 도시의 삶 속으로 스며드는 방식으로 전환되고 있음을 보여 준다. 미디어 파사드는 그 변화의 가장 역동적인 실험장이자, 브랜드와 도시가 함께 살아 숨쉬는 미래 커뮤니케이션의 장이라 할 수 있다.

도시형 광고와 AI의 융합 미래

미디어 파사드의 진화는 이제 단순한 디지털 기술에 머무르지 않는다. AI 기술이 접목되면서 도시형 커뮤니케이션은 실시간, 개인화, 예측 기반의 지능형 커뮤니케이션으로 확장되고 있다. 예를 들어, AI는 유동 인구의 흐름, 날씨, 시간대, 교통량 등의 데이터를 분석해 그 순간 가장 적합한 콘텐츠를 자동으로 송출할 수 있다. 퇴근 시간대에는 감성적이고 휴식을 강조하는 메시지를, 주말 낮 시간대에는 가족 중심의 콘텐츠를 제안하는 식이다. 이는 AI의 실시간 최적화 기능이 미디어 파사드에 적용된 대표 사례다. 더 나아가 AI 기술의 적용은 미디어 파사드의 디자인과 생성 방식에도 혁신을 가져오고 있다. 최근 연구에 따르면, GAN(Generative Adversarial Networks)을 비롯한 첨단 머신 러닝 기법은 파사드 이미지의 인식 및 생성 과정에 적극 활용되고 있다. 이는 기존의 수작업 설계 과정에 비해 빠르고 효율적일 뿐 아니라, 창의적인 디자인을 자동으로 도출할 가능성을 보여 준다. 예를 들어, 건축 외피 데이터를 학습한 픽스투픽스(Pix2Pix)와 같은 심층 신경망을 활용하면, 기존 빌딩 파사드를 자동으로 인식하거나, 새로운 형태의 디자인을 생성하는 것이 가능하다. 이러한 기술적 접근은 설계 과정에서 시간과 창의성의 한계를 극복할 대안으로 주목받고 있으며, 전체 혹은 일부 파사드의 재구성에서 새로운 업무 프로세스를 제안하는 데 기여하고 있다(이미숙 · 전효진, 2020).

또한 AI 비전 기술을 통해 관람자의 표정이나 행동을 인식하고, 그에 따라 콘텐츠를 변화시키려는 시도도 증가하고 있다. 특정 표정을 감지하면 영상이 바뀌거나, 다수가 몰려들면 스케일이 확대되는 반응형 미디어 파사드는 AI의 감지 및 예측 능력을 활용한 새로운 브랜드 접점이다. 이와 함께 생성형 AI(Generative AI)를 활용해 미디어 파사드의 콘텐츠 자체를 자동으로 생성하는 접근도 점차 현실화되고 있다. 브랜드의 가치와 시각적 언어를 학습한 AI는 실시간으로 새로운 비주얼 콘텐츠를 생성함으로써, 끊임없이 변화하는 도시 환경 속에서도 유기적이고 역동적인 브랜드 메시지를 구성할 수 있다. 이러한 변화는 미디어 파사드를 단순한 기술 중심 디스플레이를 넘어, AI가 설계하고 운영하는 브랜드 경험 플랫폼으로 변화시키고 있다. 이에 따라 브랜드는 미디어 파사드를 통해 도시 공간에서 실시간으로, 더욱 정교하고 개인화된 방식으로 소비자와 소통할 수 있게 된다.

미디어 파사드는 본질적으로 도시 공간에 설치된 대형 디지털 스크린이지만, 그 기원은 분명히 마케팅 목적에 뿌리를 두고 있다. 기업들이 막대한 비용을 들여 도심 한복판에 미디어 파사드를 설치하는 이유는 자사의 브랜드를 보다 세련되고 인상적인 방식으로 전달하기 위함이다. 이러한 점에서 미디어 파사드는 옥외 광고의 확장된 형태로 볼 수 있다. 그러나 그것은 단순한 광고판 이상의 역할을 한다. 문자와 제품 이미지 중심의 전통 광고 대신, 시각적 미감을 고려한 팝 아트 형식이나 감성적 영상 콘텐츠를 활용해 예술적 가치를 부여하기 때문이다. 이는 자칫 도시 경관이 상업성 과잉으로 비칠 위험을 줄이고, 공공 미술의 경계를 절묘하게 넘나드는 전략적 선택이기도 하다. 특히 AI 기술의 접목은 미디어 파사드를 정적인 디지털 스크린에서 동적인 상호 작용 매체로 진화시킨다. 관람자의 이동, 표정, 관심도 등을 인식해 맞춤형 콘텐츠를 실시간으로 송출하거나, 주변 환경의 데이터에 기반한 시각적 변주를 구현하는 것이 가능해진 것이다(Tabadkani et al., 2022). 이처럼 광고와 예술, 기술이 교차하는 융합의 경계에 위치한 미디어 파사드는 도시형 커뮤니케이션의 새로운 프론티어로 떠오르고 있다. 향후 이러한 형태의 광고가 지속 가능한 공공 커뮤니케이션 수단으로 정착하기 위해서는 기업의 창의성과 더불어 정부의 유연한 정책적 지원이 유기적으로 맞물

려야 할 것이다.

참고문헌

이미숙·전효진(2020). "디지털 미디어 파사드와 AI 미디어 파사드 광고 효과-주목성, 다양성, 몰입성과 브랜드 태도를 중심으로". 《한국디자인포럼》, 68, 121~132쪽.

이유나 외(2013). "미디어 파사드 콘텐츠에 나타나는 서사 구조에 대한 연구: 서울스퀘어의 정규 콘텐츠를 중심으로: 서울스퀘어의 정규 콘텐츠를 중심으로". 《디지털콘텐츠학회논문지》, 14(3), 367~379쪽.

Bargenda, A.(2015). Space Design as an Expressive Device in Ambient Marketing: Case Studies of Deutsche Bank and Banca Monte dei Paschi di Siena. *Journal of Marketing Communications, 21*(1), pp.78~90.

Onem, M. & Hasirci, D.(2020). Designing Brand Experience in Interior Space. *IOP Conference Series: Materials Science and Engineering, 960*(2), 022005. IOP Publishing.

Stalder, U.(2011). Digital Out-of-Home Media: Means and Effects of Digital Media in Public Space. In Müller, J. et al.(eds.). *Pervasive Advertising*, pp.31~56. Springer London.

Tabadkani, A. et al.(2022). Simulation-Based Personalized Real-Time Control of Adaptive Facades in Shared Office Spaces. *Automation in Construction, 138*, 104246.

09
AI 마케팅의 윤리와 투명성

AI 기술이 마케팅에 깊숙이 통합되면서, 이제 소비자는 '무엇을' 소비할지뿐 아니라 '어떻게' 설득당하는지를 묻게 되었다. 데이터 수집의 경로, 알고리즘의 작동 방식, 메시지 생성의 주체가 불투명할수록 소비자 신뢰는 위협받는다. 특히 생성형 AI가 제작한 콘텐츠는 인간과 기계의 경계를 흐리며, 책임의 주체와 진정성에 대한 윤리적 논의를 가속화하고 있다. AI 시대의 마케팅은 성과 이전에 투명성과 책임을 전제로 신뢰 기반의 관계를 설계해야 하는 전환점에 서 있다.

AI와 화장품?

불투명한 알고리즘의 위협

AI 기술의 마케팅 분야 통합이 가속화되면서 소비자의 선택과 행동은 알고리즘이 정교하게 설계한 디지털 환경에 점점 더 의존하게 되었다. 상품 추천, 광고 노출, 콘텐츠 배열, 가격 책정과 같은 주요 마케팅 활동들이 정밀하고 복잡한 알고리즘에 의해 운영되지만, 이러한 작동 원리는 소비자에게 충분히 공개되지 않고 있다. 알고리즘의 비가시성은 소비자의 자율적 선택을 제한하고 신뢰를 저하시킬 뿐만 아니라, 브랜드에 대한 소비자의 전반적 충성도까지도 손상할 수 있는 심각한 문제로 인식된다(Kitchin, 2019).

실제로 글로벌 컨설팅 기업 프라이스워터하우스쿠퍼스(PwC)의 보고서에 따르면, 소비자들의 85%가 AI 기술을 윤리적이고 투명하게 운용하는 기업을 더욱 신뢰한다고 응답했으며, 약 63%는 자신에게 제공되는 콘텐츠가 AI에 의해 생성되거나 맞춤화되었는지를 명확히 알기를 원한다고 밝혔다(PwC, 2024). 이는 소비자가 알고리즘의 작동 방식 및 데이터 사용 방식에 대한 명확한 정보 공개를 강력하게 요구하고 있음을 시사한다. 또한 시엠에스와이어와 실버백스트래티지스(Gerry McGovern, 2024)는 불투명한 알고리즘의 활용이 소비자에게 불공정하거나 차별적인 결과를 초래할 수 있다고 지적한다. 예컨대 AI 기반 추천 시스템이 특정 사용자 집단을 성별, 소득, 인종 등 민감한 변수에 근거해 차별적으로 대우하거나, 소비자별 가격 책정에서 소득 수준과 과거 구매 데이터를 바탕으로 한 공정성 논란을 일으키는 사례가 종종 발견되고 있다.

이러한 알고리즘의 불투명성 문제는 단순히 기술적 이슈에 그치는 것이 아니라, 소비자 권리 보호 및 마케팅 윤리 차원의 주요 문제로 확장되고 있다. 소비자들이 자신에게 영향을 미치는 결정의 논리를 알 수 없는 경우, 이는 소비자의 자율적인 판단과 선택권을 침해하는 것이며 더 나아가 개인 정보와 프라이버시 보호 측면에서도 심각한 우려를 유발할 수 있다(Martinez-Martin, 2019). 구체적으로 동적 가격 책정(dynamic pricing, 항공권이나 호텔 예약 시 사용자 이력이나 검색 조건에 따라 실시간으로 가격이 변동되는 방식)의 사례에서 알 수 있듯이 소비자가 자신의 구매 이력이나 개인적 특성에 따라 차별적 대우를 받는다고 느낄 경우, 이는 브랜드 이미지에 치명적인 악영향을 미치며 장기적 신뢰를 훼손할 수 있다(Haws & Bearden, 2006).

이러한 문제에 대응하기 위해 기업들은 '설명 가능한

AI(Explainable AI, XAI)'를 적극적으로 도입하여 알고리즘의 작동 원리와 의사 결정 기준을 소비자에게 명확히 설명해야 한다(Gunning & Aha, 2019). 예를 들어 넷플릭스와 같은 플랫폼은 사용자에게 추천 콘텐츠를 어떤 데이터를 기반으로 제공하는지 명확히 표시하여 소비자의 신뢰를 확보하고 있다(Gomez-Uribe & Hunt, 2015). 또한 금융권에서는 인공지능 알고리즘의 불투명성, 즉 '블랙박스' 문제를 해결하기 위한 다양한 노력이 지속되고 있다. AI가 대출 심사, 사기 탐지, 자산 운용 등 핵심 금융 업무에 도입되면서 알고리즘의 결정 과정이 외부에 명확히 드러나지 않는 경우, 소비자는 자신의 금융 정보가 어떻게 처리되는지 이해하기 어렵다. 이는 금융 기관에 대한 신뢰 저하로 이어질 수 있다. 따라서 다수의 금융 기관들은 알고리즘의 작동 원리를 사용자와 규제 기관, 내부 구성원이 이해할 수 있도록 설명 가능한 구조를 갖추는 데 주력하고 있다. 예컨대 신용카드 결제 설루션 기업 마스터카드(Mastercard)는 자사의 AI 분석 플랫폼 '브라이테리온(Brighterion)'에서 기존의 블랙박스 모델 대신 예측 근거를 명시하는 화이트박스 모델을 적용하고 있으며(Mastercard, 2022), 세계 최대급 회계 법인 딜로이트(Deloitte) 또한 설명 가능한 AI(XAI)의 도입이 고객 신뢰는 물론 내부 감사 및 규제 대응 측면에서도 필수적임을 강조한 바 있다(Surkov et al., 2022).

결국 AI 기반 마케팅의 지속 가능성은 단순한 기술 효율성을 넘어, 소비자 신뢰를 중심에 둔 커뮤니케이션 윤리와 국제적 데이터 거버넌스 기준에 부합하는 책임 있는 데이터 활용에 의해 좌우된다. 이를 위해 기업은 설명 가능한 AI의 도입을 출발점으로 삼아, 소비자의 정보 주권(information self-determination, 개인이 자신의 개인 정보 수집·이용 방식에 대해 통제하고 결정할 수 있는 권리)과 정서적 수용성을 고려한 사전적이고 쌍방향적인 커뮤니케이션 전략을 체계적으로 설계해야 한다. 이러한 전략은 단기적 마케팅 성과를 넘어 브랜드에 대한 지속적 신뢰를 형성하고, 장기적으로 기업의 지속 가능한 성장 기반을 구축하는 핵심 요인이 될 것이다. 이는 궁극적으로 글로벌 규범(global norms, 국제 사회가 합의한 개인 정보 보호, 투명성, 설명 가능성 등에 대한 원칙)과 조화를 이루는 책임 있는 마케팅 커뮤니케이션의 방향성과도 일치한다.

윤리적 쟁점과 구조적 딜레마

AI 마케팅이 직면한 윤리적 문제는 단순한 기술적 오류나 예외적 사례를 넘어서는 구조적 딜레마로 볼 수 있다. AI는 본질적으로 과거의 데이터를 학습 기반으로 삼아 미래 행동을 예측하는 시스템이기 때문에, 학습 데이터에 내재된 편향(bias)은 알고리즘의 판단 기준에 그대로 투영된다. 문제는 이러한 편향이 특정 인구 집단인 연령, 성별, 인종, 지역 그룹에 대해 광고 노출, 콘텐츠 추천, 가격 책정 등에서 차별적 결과를 초래할 수 있다는 점이다.

예를 들어 유뱅크스(Eubanks)는 《불평등의 자동화: 첨단 기술은 어떻게 가난한 사람들을 분류하고 감시하고 처벌하는가(Automating Inequality: How High-Tech Tools Profile, Police, and Punish the Poor)》(2018)에서 미국 복지 행정 시스템에 도입된 자동화 평가 도구들이 어떻게 저소득층과 소수 인종 가구에 반복적으로 불리한 결과를 낳는지를 비판적으로 분석했다. 그는 복지 대상자 선정을 위한 알고리즘이 공정한 기준을 따르는 것처럼 보이지만 실제로는 과거의 차별적 정책과 불완전한 데이터 구조를 답습하고 있으며, 이를 통해 빈곤층을 감시하고 처벌하는 새로운 형태의 '디지털 빈민 구제소(digital poorhouse)'가 형성되고 있다고 지적한다. 특히 인디애나주의 복지 신청 자동화 사례에서는 단순한 시스템 오류나 서류 누락이 수천 명의 실직자와 장애인을 복지 수혜 대상에서 탈락시키는 결과를 낳았고, 펜실베이니아주 앨러게니 카운티의 아동 위험 예측 시스템은 빈곤 자체를 아동 학대의 지표로 간주하여 저소득층 가정에 과도한 감시를 가하는 문제를 드러냈다. 이러한 사례는 알고리즘이 단지 기술적 도구가 아니라 기존의 사회 구조 속 불평등과 통제 논리를 강화하는 수단이 될 수 있음을 보여 준다.

마케팅 영역에서도 이와 유사한 양상이 나타난다. 샌드비그 외(Sandvig et al., 2014)는 페이스북 광고 알고리즘이 광고주가 원하지 않더라도 특정 인종이나 성별에게 광고를 덜 노출하거나, 특정 집단을 과도하게 타기팅하는 문제를 야기할 수 있다고 지적했다. 즉 특정 소비자 집단이 '수익성이 낮은 집단'으로 분류될 경우, 이들은 타깃 광고나 추천 알고리즘에서 배제된다. 반대로 신용 취약자에게 고금리 상품이 반복적으로 노출되는 방식으로 편향된 데이터가 차별적 시장 경험으로 이어질 수 있다. 이러한 알고리즘 편향은 소비자의 선택권과 자율성에 실질적인 영향을 미친다. 가령 한 사용자가 온라인상에서 반복적으로 '여성'이라는 성별로 분류되어 특정 뷰티 제품 광고만 지속적으로 노출된다면, 이는 개인의 실제 관심과 무관하게 제한된 정보만을 제공받는 구조적 문제로 연결될 수 있다. 알고리즘은 개인의 정체성과 선택 가능성을 축소할 위험성을 내포하고 있는 것이다(Noble, 2018). 더 나아가 이러한 편향은 단순히 기술적 개선의 문제로 환원될 수 없다. 알고리즘 설계 단계에서 어떤 데이터를 선택하고, 어떤 결과를 '정상' 혹은 '이상적'이라고 판단할지에 대한 가치 판단 자체가 내재화되어 있기 때문이다(Zuboff, 2023). 이는 AI 마케팅이 단순한 효율성 추구를 넘어 사회적 불평등을 재생산할 수 있는 구조적 윤리 문제이자, 윤리적 책임이 요구되는 규범적 시스템임을 시사한다.

따라서 AI 마케팅에서 핵심 과제는 비단 기술 규제가 아니라, 설계 단계부터 윤리를 내재화하는 시스템 구축(Ethics by Design)에 있다. 사용자의 프라이버시 권리와 알고리즘 결정의 투명성을 보장하기 위해서는, 데이터 수집 · 분석 · 활용 전반에 걸친 명확한 동의 절차, 설명 가능성(explainability), 수정 가능성(contestability)이 마련되어야 한다. 특히 생성형 AI가 만들어 낸 콘텐츠가 현실 소비자에게 설득력 있는 정보로 작동하는 시대에서는 소비자가 콘텐츠의 출처와 제작 주체, 생성 방식에 대해 인지할 수 있도록 하는 출처 투명성(disclosure)

과 사실성 검증(authenticity assurance) 메커니즘이 필수적으로 요구된다(Andrejevic, 2020). 이와 더불어 책임의 불분명성을 해소하기 위한 거버넌스 프레임 워크 정립도 시급하다. 단일 기술 기업이나 광고주만의 자율적 판단에 맡기기보다, 브랜드, 기술 개발자, 플랫폼, 규제 기관이 공동으로 책임을 분담하는 협치적 책임 구조(co-responsibility structure)가 필요하다(Kaplan & Haenlein, 2019). 이러한 시스템적 접근 없이 기술 활용이 가속화된다면, 소비자는 자신이 언제, 어떻게 조작되었는지도 모른 채 신뢰 기반의 커뮤니케이션 구조에서 이탈하게 될 위험이 있다. AI 기반 마케팅 커뮤니케이션의 미래는 기술적 정교함보다 윤리적 명료성에 달려 있으며, 이는 향후 지속 가능한 브랜드 구축의 핵심 조건이 될 것이다.

신뢰 기반 커뮤니케이션의 설계 원칙

이제 AI 기술의 수준을 결정짓는 기준은 정확도나 속도만이 아니다. 얼마나 설명 가능하고, 투명하게 설계되었는가, 그리고 소비자에게 진정한 선택의 권한을 부여하는가가 핵심이다. 신뢰는 브랜드의 가장 중요한 자산이며, AI 마케팅이 신뢰를 구축하지 못한다면 AI 기술은 오히려 리스크로 작용할 수 있다. 브랜드는 다음과 같은 실천 원칙을 통해 신뢰 기반 커뮤니케이션을 설계할 수 있다. 첫째, AI 사용 여부의 명시가 필요하다. 챗봇, 추천 시스템, 생성형 콘텐츠 등은 소비자가 AI의 개입을 인식할 수 있도록 투명하게 표기되어야 한다. 둘째, 데이터 활용의 자율권을 보장해야 한다. 수집과 활용에 대한 동의는 명확하게 요청되어야 하며, 거부할 권리도 동등하게 제공되어야 한다. 셋째, 설명 가능성이 확보되어야 한다. 특정 광고가 노출된 이유나 추천 알고리즘의 기준을 간단한 방식으로 안내하는 기능이 마련되어야 한다. 마지막으로, 디지털 라벨링을 통해 AI가 생성한 콘텐츠임을 명확히 표시하는 것도 소비자와의 신뢰 형성에 필수 요소다. 이러한 노력은 단순한 윤리 보완이 아니라, AI 마케팅이 지속 가능하고 책임 있는 방향으로 발전하기 위한 기반이다. 앞으로의 브랜드 경쟁력은 기술적 정교함보다, 얼마나 공정하고 투명하게 설계되었는가에 의해 평가될 것이다.

결국 신뢰 기반의 커뮤니케이션은 마케팅의 일시적인 성과를 넘어, 브랜드 정체성과 사회적 책임이 교차하는 접점에서 지속 가능성을 만들어 내는 전략적 토대다. 소비자는 점점 더 기술이 아닌 태도에 반응하고 있으며, 투명하고 공정한 설계 철학이 브랜드의 윤리적 경쟁력을 좌우하는 시대가 도래했다. AI 기술의 활용 여부는 선택일 수 있지만, 그 기술을 어떻게 책임 있게 사용할 것인가에 대한 태도는 이제 브랜드의 생존 조건이다. 이는 마케팅 커뮤니케이션이 단순히 소비자 설득을 목표로 하기보다 사회적 가치를 반영하는 방향으로 진화해야 함을 시사한다.

참고문헌

Andrejevic, M.(2020). Automated Surveillance. In Lievrouw, L. A. & Loader, B. D.(eds.). *Routledge Handbook of Digital Media and Communication*, pp.242~253. Routledge.

Eubanks, V.(2018). *Automating inequality: How high-tech tools profile, police, and punish the poor.* St. Martin's Press.

Gerry McGovern (2024). How AI bias creates dependency and inequality. https://www.cmswire.com/digital-experience/how-ai-bias-creates-dependency-and-inequality/

Gomez-Uribe, C. A., & Hunt, N.(2015). The netflix recommender system: Algorithms, business value, and innovation. *ACM Transactions on Management Information Systems (TMIS),* 6(4), pp.1~19.

Gunning, D. & Aha, D.(2019). DARPA's Explainable Artificial Intelligence (XAI) Program. *AI Magazine, 40*(2), pp.44~58.

Haws, K. L. & Bearden, W. O.(2006). Dynamic pricing and

consumer fairness perceptions. *Journal of Consumer Research,* 33(3), pp.304~311.

Kaplan, A. & Haenlein, M.(2019). Siri, Siri, in my hand: Who's the fairest in the land? On the interpretations, illustrations, and implications of artificial intelligence. *Business Horizons, 62*(1), pp.15~25.

Kitchin, R.(2019). Thinking Critically About and Researching Algorithms. In Beer, D.(ed.). *The Social Power of Algorithms*, pp.14~29. Routledge.

Martinez-Martin, N.(2019). What are important ethical implications of using facial recognition technology in health care?. *AMA Journal of Ethics, 21*(2), E180.

Mastercard(2022). Explainable AI: From black box to transparency. https://b2b.mastercard.com/news-and-insights/blog/explainable-ai-from-black-box-to-transparency

Noble, S. U.(2018). *Algorithms of Oppression: How Search Engines Reinforce Racism.* New York University Press.

PwC Middle East. (2024). Voice of the tech-savvy consumer: Regional findings from the PwC Voice of the Consumer Survey 2024. https://www.pwc.com/m1/en/publications/voice-of-the-consumer-2024-regional-findings/voice-of-the-tech-savvy-consumer.html

Sandvig, C., et al.(2014). Auditing Algorithms: Research Methods for Detecting Discrimination on Internet Platforms. *Data and Discrimination: Converting Critical Concerns into Productive Inquiry.*

Surkov, A., et al.(2022.5.17). Unleashing the power of machine

learning models in banking through explainable artificial intelligence(XAI).
https://www.deloitte.com/us/en/insights/industry/financial-services/explainable-ai-in-banking.html

Zuboff, S.(2023). The age of surveillance capitalism. In *Social Theory Re-Wired.* Routledge.

10
AI 마케팅 캠페인의 실제와 미래

AI는 이제 마케팅 캠페인을 '설계하고 실행하는 기술'을 넘어서서 '함께 경험하고 공동 창작하는 플랫폼'으로 진화하고 있다. 기술의 발전은 효율을 넘어 관계의 방식과 조직의 사고 구조를 변화시키며, 브랜드와 소비자 간의 소통을 유동적이고 상호적인 흐름으로 재구성한다. 이제 마케팅의 경쟁력은 브랜드가 소비자에게 얼마나 진정성 있는 메시지를 전달하고, 그 메시지를 기반으로 어떤 관계를 맺으며 경험을 함께 설계하는가에 달려 있다.

종교와 AI?

AI 기반 마케팅 캠페인 실행 전략의 정교화

마케팅 캠페인의 실행 방식은 이제 더 이상 고정된 흐름을 따르지 않는다. 그 중심에는 AI가 있으며, 이는 데이터를 읽고 반응하면서 실시간으로 전략을 조정하는 유기적인 실행 구조를 만들어 가고 있다. 과거 마케팅 캠페인은 '기획-제작-집행-분석'으로 이어지는 선형적 프로세스에 따라 일괄적으로 운영되었으나, 오늘날의 AI 마케팅 시스템은 소비자 반응과 상호 작용 데이터를 실시간으로 수집 및 분석하여 콘텐츠 유형, 타깃 세그먼트, 채널 전략을 즉각적이고 능동적으로 재조정할 수 있게 되었다. 이를 통해 동일 캠페인 내에서도 복수의 동적 시나리오를 병렬적으로 실행하는 유연한 구조가 가능해졌으며, 기술적 효율성의 향상을 넘어 소비자 경험에 더욱 밀착된 민첩한 운영 전략으로 자리 잡고 있다.

이러한 AI 기반 캠페인은 단일 메시지의 획일적 전달 방식을 극복하고, 소비자의 라이프스타일, 연령, 검색 이력, 접속 환경 및 시간대와 같은 개별적인 맥락(context)에 따라 콘텐츠가 실시간 맞춤형으로 변형되는 전략적 '분기화(branching)'를 구현하고 있다(Gentsch, 2018). 예를 들어 핵심 마케팅 메시지는 페이스북, 인스타그램, 틱톡 등 서로 다른 플랫폼 특성에 맞게 크리에이티브 포

맷과 표현 방식을 다변화하며, AI는 사용자의 접속 시간대, 행동 패턴, 선호도에 따라 메시지 전달 시점 및 채널 운영 방식을 정밀하게 최적화한다. 결과적으로 마케터의 역할 또한 하나의 메시지를 설정하고 전달하는 것이 아니라, 다층적이고 복잡한 전략 경로를 설계하고 지속적으로 조율하는 역동적인 형태로 변화하고 있다.

실제 사례로 미국의 글로벌 패스트푸드 그룹인 '얌! 브랜즈(Yum! Brands)'는 AI 기반의 개인화 마케팅 전략을 통해 소비자 참여도와 구매 전환율을 획기적으로 높였다. 소비자의 접속 시간, 요일, 이전 반응 및 콘텐츠 선호를 반영하여 정교하게 개인화된 이메일 캠페인을 전개한 결과, 기존 캠페인 대비 두 자릿수 이상의 참여율 증가를 달성한 바 있다(High, 2024). 이 사례는 AI가 실시간 데이터 분석과 예측을 통해 마케팅 전략의 모든 단계에서 세밀한 조정과 최적화를 수행할 수 있다는 점을 명확하게 보여 준다. 또 스타벅스(Starbucks)는 AI를 기반으로 소비자의 위치, 날씨, 소비 습관 등을 반영한 실시간 맞춤 프로모션을 제공하여 고객의 브랜드 참여율과 충성도를 크게 향상한 바 있다(Wedel & Kannan, 2016). 실무적으로 이는 브랜드가 실시간 데이터를 바탕으로 캠페인의 전개 방식뿐 아니라, 콘텐츠 구성, 전송 시점,

반응 유도 방식에 이르기까지 전 과정을 정밀하게 설계할 수 있는 체계를 갖춰야 함을 의미한다. 특히 예측 기반의 맞춤 커뮤니케이션은 높은 반응률을 유도하고 브랜드 경험의 일관성과 완성도를 유지하는 실행력의 기반이 된다. 이는 AI 활용이 캠페인의 자동화 수준을 넘어서 맥락(context) 기반의 전략적 개인화와 세분화된 실행 구조로 발전하고 있음을 입증하는 사례로 평가된다. 결과적으로 AI 기반 마케팅 캠페인은 소비자 데이터를 토대로 실시간 반응과 자율적 최적화를 수행하는 체계로 고도화되고 있으며, 이는 향후 마케팅 실행 전략의 지속 가능성과 경쟁 우위를 좌우하는 핵심 요소로 부상하고 있다.

마케팅 조직과 역할의 재정의

AI 기술의 확산은 마케팅 조직의 역할과 업무 방식 전반에 구조적인 변화를 일으키고 있다. 규칙 기반의 반복적인 작업이 자동화되면서 마케터의 역할은 이제 콘텐츠 제작이나 운영 관리에 국한되지 않고, 전략과 창의성을 주도하는 방향으로 나아가고 있다. 이러한 변화는 마케터가 데이터를 해석하고 기술을 통합하여 브랜드 커뮤니케이션의 방향을 설계하는 메타 기획자(meta-strategist)로 진화하고 있음을 보여 준다(Huang & Rust, 2021). 이 역할은 콘텐츠 설계 능력뿐 아니라, 상황을 분석하고 다양한 AI 도구를 유기적으로 연계하여 전략적 실행 경로를 조율하는 고차원적 기획 역량을 요구한다.

이러한 변화는 조직 내 의사 결정 체계의 재구성과도 직결된다. AI의 도입은 전통적인 인간 중심 결정 구조에서 인간-AI 협업 기반으로 재편되고 있다. 특히 마케팅 커뮤니케이션처럼 변화 속도가 빠르고 예측이 어려운 환경에서는, AI 시스템을 통한 실시간 피드백과 복잡한 판단 수행이 조직의 민첩성과 적시 대응력을 실질적으로 높이는 핵심 요인이 된다(Shrestha et al., 2019). 이러한 구조적 변화는 마케팅 캠페인의 성과뿐만 아니라, 전체 커뮤니케이션 전략의 실행력과 유연성 향상에도 직접적인 영향을 미친다. 예컨대, AI는 소비자의 실시간 반응을 분석해 그에 따라 마케팅 메시지를 자동 조정하거나, 잠재 고객의 행동 패턴을 기반으로 맞춤형 콘텐츠를 시의적절하게 제안하는 등 고차원적 판단을 지원할 수 있다. 이 과정에서 인간은 최종 판단자이자 전략적 조율자로서의 위치를 유지하면서도, 반복적이고 계산 중심의 의사 결정은 AI에게 위임하는 방식으로 역할을 재조정하게 된다. 결과적으로 마케팅 조직은 의사 결정의

하향식(top-down) 모델에서 벗어나, AI로부터 도출된 실시간 데이터와 통찰을 바탕으로 점점 더 분산적이고 적응적인 결정 체계로 진화하고 있다.

조직 구조 역시 AI 중심의 마케팅 환경 변화에 맞춰 재구성되고 있다. 과거에는 콘텐츠 기획자, 카피라이터, 미디어 플래너 등이 기능별로 분업화된 구조였다면, 이제는 전략 수립, 콘텐츠 제작, 채널 운영이 AI 기반 도구를 매개로 긴밀하게 통합되는 협업 중심 체계로 전환되고 있다. 이러한 변화는 마케팅 실무자가 단순히 디지털 툴을 다루는 기술적 역량 강화에 그치지 않고, AI의 의사결정 구조, 알고리즘의 작동 방식, 데이터 편향 가능성, 윤리적 고려 사항 등까지 이해하고 활용할 수 있는 AI 리터러시(AI literacy)와 전략적 사고 능력을 동시에 갖추어야 함을 의미한다. 따라서 마케팅 조직은 직무 중심의 수직적 구조에서 벗어나 기술과 사고의 융합 역량을 중심으로 한 유연하고 진화 가능한 인재 중심 구조로 재편될 필요가 있다.

이는 단순한 직무 재설계나 역할 조정의 수준이 아니라, 마케팅 조직 전체가 기술 기반 전략 사고(tech-driven strategic thinking)로 전환되어야 함을 의미한다. 매킨지 보고서에 따르면, AI 마케팅을 도입한 기업의 70% 이상이 조직 내 의사 결정 구조와 인재 역량 모델을 동시에 재설계하고 있으며, 이 변화의 핵심은 기술과 인간의 협력적 사고 구조에 있다(McKinsey & Company, 2023). 결과적으로 AI는 단순한 효율화 도구가 아닌 마케팅 조직의 사고 방식과 운영 체계 전반을 변화시키는 전략 인프라로 기능하고 있다. 이러한 흐름은 조직이 기술을 단순히 도입하는 차원을 넘어 장기적인 경쟁력을 고려한 사고 방식의 전환이 필요함을 시사한다.

미래 마케팅 캠페인의 지향점과 과제

향후 AI 마케팅 캠페인은 더욱 개인화되고, 인터랙션과 공동 창작 중심으로 진화할 것으로 전망된다. 브랜드는 이제 일방적으로 메시지를 전달하는 주체를 넘어, 소비자와 함께 콘텐츠를 생성하고 확산하는 촉진자의 역할을 수행하게 된다. 소비자는 생성형 AI 기반 도구를 활용해 캠페인 콘텐츠를 직접 커스터마이즈하거나, 적극적으로 브랜드 세계관을 경험하고 재해석하는 주체로서 참여할 수 있다. 이러한 변화는 캠페인을 일회성 실행 이벤트가 아닌 소비자와의 지속적 관계를 형성하는 커뮤니케이션 플랫폼으로 전환시킨다.

그러나 이와 같은 미래 캠페인의 전환이 성공적으로

이루어지기 위해서는 기술의 발전만으로는 충분하지 않다. 신뢰 기반의 커뮤니케이션 원칙, 윤리적 데이터 활용, 감정적 진정성의 확보와 같은 핵심 과제가 병행되어야 한다. 특히 AI 시스템이 의사 결정 과정에서 공정성, 투명성, 설명 가능성을 확보하지 못할 경우 소비자의 자율성과 통제감이 약화되며, 이는 브랜드 신뢰도를 저해하는 요인으로 작용할 수 있다.

따라서 향후 마케팅 캠페인은 단순히 메시지를 전달하는 차원을 넘어, 소비자의 가치관, 감정, 기대에 섬세하게 반응하는 정서적 경험 설계로 진화해야 한다. 이러한 변화에 발맞춰 마케팅 전략 역시 기술 중심에서 경험 중심으로, 실행 중심에서 설계 중심으로 사고의 전환이 요구된다. 이는 마케팅 커뮤니케이션의 미래 지형을 좌우하는 결정적 기준이 될 것이다.

AI 기술의 진화는 마케팅 캠페인의 실행 방식뿐 아니라, 캠페인의 존재 목적과 형식 자체를 재정의한다. 향후 마케팅 캠페인은 더 이상 브랜드의 메시지를 일방적으로 전달하는 구조가 아니라, 소비자와 브랜드가 함께 이야기를 만들어 가는 상호 작용적 경험 공간으로 확장될 것이다. 생성형 AI와 인터랙티브 미디어는 소비자가 캠페인의 단순 수용자가 아니라 참여자, 공동 기획자, 창작자로 기능할 수 있는 환경을 마련했다. 소비자는 자신의 취향에 맞는 캠페인 경험을 선택하고, 콘텐츠를 재구성하며, 브랜드와의 관계를 능동적으로 만들어 간다. 이처럼 미래의 캠페인은 설계된 흐름을 따라가는 것이 아니라, 사용자에 의해 구성되는 서사적 구조로 진화하고 있다.

마케터는 이제 캠페인을 기획하고 실행하는 과정에서 보다 복합적이고 전략적인 질문에 직면한다. 무엇보다 중요한 과제는, 브랜드가 전달하고자 하는 핵심 가치를 흔들림 없이 유지하면서도 소비자의 자율성과 창의적 참여를 어떻게 보장할 수 있는가 하는 문제다. 특히 생성형 AI와 인터랙티브 기술의 확산으로 수많은 캠페인 시나리오와 변형된 콘텐츠가 공존하게 된 오늘날, 브랜드는 이러한 다양성과 유동성 속에서도 일관된 정체성과 메시지를 유지해야 하는 과제를 안고 있다. 나아가 기술적 완성도를 추구하는 동시에 윤리적 정당성을 어떻게 설계하고 확보할 것인지, 즉 자동화와 데이터 활용의 효율성을 극대화하면서도 소비자의 권리와 신뢰를 존중하는 방식으로 기술을 운용하는 전략적 균형 또한 필수적으로 요구된다.

결국 AI 시대의 마케팅 캠페인은 기술 중심의 실행이

아닌, 브랜드가 지향하는 세계관과 그 경험을 어떻게 정교하게 설계하고 실현하느냐에 달려 있다. 중요한 것은 기술의 유무가 아니라, 그것을 통해 무엇을 전달하고 어떤 관계를 구축할 것인가이다. 기술은 수단일 뿐, 진정한 경쟁력은 브랜드가 품고 있는 철학과 그것을 구현하는 커뮤니케이션의 감도에서 비롯된다.

궁극적으로 미래의 마케팅 캠페인은 기술의 발전 그 자체가 아니라, 그러한 기술을 어떠한 전략과 철학 아래 활용하는가에 따라 그 성패가 갈릴 것이다. 브랜드는 방향을 설계하고, AI는 흐름을 조율하며, 소비자는 그 여정의 공동 창작자로 참여함으로써 캠페인의 가치를 완성하게 될 것이다. 따라서 미래 마케팅 커뮤니케이션의 지속 가능성은 신뢰, 진정성, 투명성이라는 본질적 가치 위에 구축되어야 한다.

참고문헌

Gentsch, P.(2018). *AI in Marketing, Sales and Service: How Marketers Without a Data Science Degree Can Use AI, Big Data and Bots*. Springer.

Gomez-Uribe, C. A. & Hunt, N.(2015). The Netflix Recommender System: Algorithms, Business Value, and Innovation. *ACM Transactions on Management Information*

Systems (TMIS), 6(4), pp.1~19.

High, P.(2024.11.25). How Yum! Brands Serves Up Digital Innovation. Forbes. Retrieved. https://www.forbes.com/sites/peterhigh/2024/11/25/how-yum-brands-serves-up-digital-innovation/

Huang, M. H. & Rust, R. T.(2021). A Strategic Framework for Artificial Intelligence in Marketing. *Journal of the Academy of Marketing Science, 49*, pp.30~50.

Iyelolu, T. V., et al.(2024). Leveraging Artificial Intelligence for Personalized Marketing Campaigns to Improve Conversion Rates. *International Journal of Engineering Research and Development, 20*(8), pp.253~270.

McKinsey & Company(2023). The State of AI in 2023: Generative AI's Breakout Year. https://www.mckinsey.com/capabilities/quantumblack/our-insights/the-state-of-ai-in-2023-generative-ais-breakout-year

O'Reilly, L.(2025.3.27). An Nvidia Exec Explains How CMOs Are Using AI to Get the Most Out of Their Ad Budgets. Business Insider. https://www.businessinsider.com/nvidia-brands-using-ai-boost-marketing-delta-unilever-mars-2025-3

Shrestha, Y. R., et al.(2019). Organizational Decision-Making Structures in the Age of Artificial Intelligence. *California Management Review, 61*(4), pp.66~83.

Wedel, M. & Kannan, P. K.(2016). Marketing Analytics for Data-Rich Environments. *Journal of Marketing, 80*(6), pp.97~121.

송유진

송유진은 건국대학교 미디어커뮤니케이션학과에서 디지털마케팅커뮤니케이션과 광고심리학을 강의하고 있으며, 뉴미디어와 커뮤니케이션 기술이 소비자 행동과 마케팅 커뮤니케이션에 미치는 영향을 연구하고 있다. 고려대학교에서 경영학과 언론학을 복수 전공한 뒤 언론학 석사와 미디어학 박사 학위를 취득하였으며, 신기술과 커뮤니케이션, 콘텐츠 전략을 융합적으로 조망하는 연구 역량을 갖췄다. AI 기반 챗봇, 버추얼 인플루언서, 메타버스 마케팅, 라이브커머스 등 디지털 환경의 핵심 이슈를 다룬 논문을 국내외 저명 학술지에 다수 게재하였다. 한국광고학회·한국방송학회·한국언론진흥재단 등에서 기획이사, 편집위원, 자문위원으로 활동하며 학계와 산업계를 잇는 교량 역할을 해 오고 있다. 실무 현장에서도 AI 기반 인터랙티브 콘텐츠와 미디어파사드 프로젝트를 통해 도시 브랜딩 및 소비자 참여 전략을 기획하는 등 경험을 쌓아 왔다.